우리춤 클리셰

박성호

우리춤 클리셰

쉼표 위에 서서 ... 7

수다 1. 이런저런 이야기 ... 15

수다 2. 우리춤 설명서 ... 77

수다 3. 벌인 춤 ... 147

수다 4. 우리도 그들처럼 ... 209

다시 물음표로 나아가며 ... 281

'쉼표 위에 서서'는 들어가는 글입니다. 이번 펜데믹 상황을 극복하게 해준 춤의 지혜에 고마움을 전합니다. 그리고 이런 춤의 장점을 나누고자 하는 마음을 적었습니다.

'이런저런 이야기'는 춤을 추며 살아온 생활이 묻어나는 춤 이야기입니다. 춤을 추는 남자의 생활, 그 안의 소소한 이야기를 통해 우리춤의 매력을 가볍지만 진정성 있게 담아내고자 했습니다. 우리춤에 관한 긍정적 호기심 유발을 꾀합니다.

'우리춤 설명서'는 우리춤을 제대로 관람하고, 잘 출 방법에 관한 글입니다. 오랜 세월이 쌓인 우리춤은 특유의 매력을 가졌지만, 서구적인 현대인의 눈으로 그 매력을 독해하기는 쉽지 않습니다. 그동안 실전에서 쌓은 공력을 발휘해 우리춤의 매력을 알기 쉽게 전하려고 합니다.

'벌인 춤'은 무대에서 만날 수 있는 우리춤의 종류와 그 내용에 관해 알려줍니다. 우리춤의 핵심만을 뽑아 나열하고 기존 교과서적 설명에서 벗어난 현실감 있는 해설로 소개하고자 했습니다.

'우리도 그들처럼'은 무용가 여섯 분을 인터뷰한 내용입니다. 춤으로 일상을 살아온 이들에게서 강호의 고수가 보이는 서릿발 같은 매력을 뽑아냈습니다.

'다시 물음표로 나아가며'는 나가는 글입니다.

* 춤에 대한 이해를 돕고자 각 장의 마지막에 영상을 보실 수 있는 QR코드를 넣었습니다.

쉼표 위에 서서

  오래된 꿈은, 미루고 미루어져서 마음 구석진 곳에 자그마하게 굳어져 있습니다. 괜스레 바쁜 마음으로 살다가 문득문득 이 굳은 덩어리를 떠올릴 때면, 언젠가는 '이룸'이란 명찰을 영예롭게 달아주리라 다짐합니다. 하지만 실상은 '생활'에 집중해 사느라, 하루하루를 그럭저럭 꾸릴 뿐이지요.

  이 글은 일상 속에 잠긴, 나와 당신의 꿈을 위해 작성되었습니다. 바로 지금입니다. 그동안 미루어 왔던 꿈을 향할 시간! 법륜스님께서는 물에 빠졌다면 오히려 헤엄쳐 조개 잡을 마음을 내라 하셨습니다. 역경이 닥쳐왔을 때, 멈추게 되었을 때, 이전까지 생각에만 머물던 꿈을 실행할 기회로 삼을 수 있습니다. '강제적 멈춤'을 '드디어 만난 때'로 만들기 위해 이글을 시작했습니다. 나는 춤을 글로 추고, 당신은 내 글을 통해 우리춤의 내면을 만나는 겁니다. 글을 통한 만남이 서로에게 시너지가 되었으면, 하고 바라봅니다.

  올해는 보신각의 종소리도, 동해의 일출 맞이도 없이 뜨뜻미지근하게 시작되었습니다. 그러니 아무래도 산뜻한 새로움보다는, 이전 시간의 그림자에 붙들린 듯한 느낌을 떨치기 어렵습니다. 이 모든 게 지난봄 시작된 악몽 같은 전염병 때문입니다. 어느 날 갑자기, 그 누구도 환한 마음으로 벌컥 현관문을 나서지 못하는 인생 초유의 사태를 맞았습니다. 왕관을 뒤집어쓴 괴물이 대문 앞까지 들이닥친 겁니다. 순식간에 만남이 정지되고 말았지요. 이를 어쩐다. 이 없으면 잇몸으로 산다는 선조의 얼을

후딱 떠올렸습니다. 그래서 마루 위에서 땀을 뻘뻘 흘려가며 나름 바지런을 떨었습니다. 넓은 연습실은 상상으로만 펼쳐놓고, 좁은 거실에서나마 음악을 크게 틀고 최대한 움직이려 노력했지요. 하지만 덩치가 산(山)만해 진다는 확 찐자 부작용만은 피하지 못했습니다. 온몸으로 직격탄을 맞고야 말았습니다. 점점 커지는 덩치에 거울 보는 것이 좀 꺼려졌지만, '아픈 분들도 있는데 뭐, 이 정도쯤이야.' 중얼중얼 스스로 위로하며 매일을 견뎠습니다.

비상사태도 지속되니 그 안에서 질서를 찾게 되었습니다. 딱히 이번 일이 아니어도, 나는 일상생활에서 활동반경이 그다지 넓지 않고, 활발한 대인관계를 즐기는 편이 아닙니다. 일 외에는 변변찮은 사회생활을 겨우 꾸려가는 방안퉁수지요. 비상사태임에도 이런 습성은 여전했습니다. 언제나처럼 반복되는 일상을 만들었고 그 안에서 쉴 자리를 꾸려냈습니다. 그러나 하나둘 취소되는 공연 소식에는 어느덧 마음 한편이 무너져 갔습니다. '계속 이렇게 지내도 괜찮은 건가, 어떡하지?'

이런 예상치 못했던 공백기는 나뿐 아니라, 이를 대면해야만 하는 이들 모두에게 불안과 긴장감을 주었습니다. 하지만 예술은 이런 위급상황에서도 여유를 보여주고 위로를 줍니다. 예술가들은 불안과 긴장의 틈새에서 다양한 시도를 선보였습니다. 그들을 보며 나 또한 의욕적으로 궁리에 동참했습니다. 춤으로 도움이 되고 싶었습니다. 춤은, 어린 나를 당치도 않던 꿈을 향해 굳건히 나아가게 했었습니다. 가난하고 기댈 데 없던 나에게 버틸 수 있게 힘을 주었습니다. 이젠 내가 무언가 해야 할 때가 온 것입니다. 처음 춤을 만났을 때처럼, 열정으로 용을 써 보겠다 다짐했습니다.

 평상시 써 놓았던 글이 생각났습니다. 그간 모아놓은 더미를 주섬주섬 꺼냈습니다. 속내가 드러난 일기처럼 부끄러운, 춤추는 사이사이 긁적거렸던 글입니다. 더불어 공연안내장에 실었던 글, 공연 진행원고, 기고했던 글을 모았습니다. 글의 곳곳에 평소 춤을 추면서 느꼈던 물음표와 느낌표가 찍혀있었습니다. 물음표를 건져 나열하고 옆에 느낌표를 배열했습니다. 그리고 그 아래 이런저런 말을 덧달았습니다.

 글을 정리하다, 내가 가진 세상을 바라보는 방식 중 많은 부분이 클리셰(Cliché)의 함의에 닿아 있음을, 새삼 느끼게 되었습니다. 클리셰는 판에 박힌 뻔한 구성을 힐난할 때, 부정적인 의미로 쓰이지요. 비판 없이 무의식적으로 반복되는 상투적 표현, 이런 클리셰는 우리의 삶에서도 쉽게 발견할 수 있습니다. 어느 날 거울에 비친 생명력 잃은 웃음을 보고는 맥빠졌던 경험이 있습니다. 내가 지금 뭘 하고 있나, 하고 말이지요. 이를 누구의 탓으로 돌릴 수는 없습니다. 그저 각성 없이 쳇바퀴 돌리기를 반복했기에 치러야 할 대가로 받아들일 뿐입니다. 귀중한 나의 시간은, 매분 매초 새롭게 보거나 비판을 통해 거듭나도록 수고를 아끼지 않아야 합니다. 만약 이를 외면한다면 일상은 클리셰에 점령당하고 맙니다. 그래서 매일, 바쁘지만 동시에 심심하기 이를 데 없는, 불균형한 일과만을 꾸역꾸역 재생산하고 맙니다. 하지만 우리는 새로움으로 가득한 일상을 만들 수 있습니다. 마음만 먹는다면 말이지요. 나는 매일 반복되는 우리춤을 통해 클리셰의 역설을 배웁니다. 우리춤은 같은 것이라도 항상 새롭게 보고 생각하고 비판하고 수정하며 '살아가는 순간'을 지속하라고 말합니다. 이런 춤의 마음, 여럿과 나누고 싶은 간절함을 글에 담았습니다.

이 글에는 평범하면서 한편으로 독특하기도 할, 춤을 통해 사는 일상이 담겨 있습니다. 그리고 일상에 담긴 춤에 나름의 비기(祕技)를 알알이 박아 소개했습니다. 사실, 세상사에 비기가 어디 있겠습니까. 그저, 평소 '이것이 내 춤을 만든다' 자평할 만한, 나 스스로를 옥죄이기도 불편하게도 하는, 조금은 독특하고 예민한 생각과 생활을 글에 담고자 했습니다. 춤계의 미래를 향한 거대한 시사점을 담은 글은 아니지만, 공감을 통해 새로움을 나눌 수 있으리라 기대합니다. 평소 춤에 애정을 가졌던 사람이나, 딱히 그렇진 않아도 낯선 것에 자신을 비춰보고자 하는 이가 이 글을 봐주면 좋겠습니다. 이 글로 만나게 된 귀한 인연에게 동전 한 닢만큼이라도 도움이 되길 소망합니다.

스승들은 예술길이 마침표 없는 쉼표의 연속이라고 일렀습니다. 막상 긴 쉼표에 서니 그 말이 참인 줄 알겠습니다. 책상에 묵묵히 앉아있으니 오히려 힘이 생깁니다. 쉬는 자리에서 주춤거리지 않고, 내일을 다질 마음을 준 춤이 고맙습니다. 이런 춤의 마음, 당신과 함께하고 싶습니다.

수다 1

이런저런 이야기

괜찮아 ... 19

추켜, 추어, 춰 ... 22

장독대 ... 24

비우기 ... 27

거울아 거울아 ... 30

흥연지유 ... 33

악당 ... 36

집 ... 40

박쥐 갓 ... 44

젊은 나무 ... 48

바느질 ... 52

분장과 쫑파티 ... 54

앤디 그리고 현수와 지혜 ... 58

편견 ... 62

우리, 나 ... 65

아침이면 연습실로 향합니다. 그리고 하루 일상의 대부분을 그곳 언저리에서 보냅니다. 춤을 좋아하니 연휴 등엔 가끔 연습실에서의 시간이 기다려지기도 합니다. 그러나 아무리 좋아하는 것이라도 그게 일상이 된다면, 일이 된다면, 항상 즐거움으로 대하지는 못하지요. 연습실에서의 시간 또한 항상 즐거운 건 못됩니다. 그런데 춤을 추는 삶을 살면서 가장 고된 건, 일상이나 일이 되어버린 춤이 아닙니다. 그보다 진하게 무거운 건, 모든 것을 제하고 혼자가 되는 시간입니다. 시간이 지남에 따라 쌓이는 몸의 피로도 힘겹지만, 이보다 더 불편한 건 나와 만나는 일입니다. 좀처럼 익숙해지지 않습니다. 그저 잠시 바라보는 게 아니라, 마주 대면해야 하기 때문입니다. 연습실의 큰 공간 한가운데서, 웬만해선 일상에서 대하지 않는 바닥 깊숙한 곳의 나와 만나게 됩니다. 반짝이는 가구나 창문의 비침에서는 보기 어려운, 사진 앵글에는 내비치지 않는, 그런 자신이 내 앞에 나타납니다. 매일같이 반복되건만, 이렇듯 땀에 젖어 나 자신을 대면하는 건 아무리 해도 어색합니다. 아니면 매번 만나는 게 다른 존재인지도 모르겠다 싶습니다. 조금 익숙해진다 싶으면 다시 처음으로 돌아가 버리니까요. 매일같이 어색해지는 자신을 대면한다는 건 참, 불편합니다.

이런 대면 때마다, 편해지지 않는 그 시간마다, 왜일까요, 어김없이 슬프고 아픈 기억들이 솟아납니다. 마치 가끔 꿈에 나오는, 꼭 통과해야만 집에 갈 수 있는 으슥한 골목길 풍경 같습니다. 하지만 좋은 점도 있습니다. 생각에 없던 장면이 불쑥 일어나기도 하니 하나씩 더듬는 기억들은 상상으로 이어져 이야기를 만듭니다. 축축하지만 열띤 시간이라고 할까요. 매번 새로운 시간이 되기에 수다거리가 다채로워집니다. 그러니 혼자 이런저런 망상에 몸보다 머리가 한가롭지 못합니다.

  연습실에서 시간을 보내며 두런두런 혼자 되뇌던 이야기들, 두서없는 넋두리를 늘어놓으려 합니다. 어릴 적 담장 너머로 목을 쭈욱 빼고 친구를 불러내듯, 이 얘기 저 얘기 섞어봅니다. 부끄러운 것, 멋진 것, 훌륭한 것이 무엇인지 모르던 그 시절 어린 마음으로. 노래 사이로 마음이 흐르듯, 두런두런 이어지는 넋두리 사이에 나의 춤이 당신에게 흘러 들어가면 좋겠습니다.

괜찮아 QR-01

춤을 출 때면, 박자와 박자, 호흡과 호흡 그 짧은 잠시, 사유(思惟)에 빠질 때가 있습니다. 이때는 그게 몇 초였는지와 별개로, 생각이 깊게 들어갈 때가 많습니다. 잠시 후 휴식 시간, 숨을 고르며 생각을 가라앉힙니다. 그럴 때면, 춤 가운데 떠오른 사유가 바로 지성과 감성이 분별 있게 나뉜 순간이 아닌가, 라고 생각합니다. 춤길을 읽어내는 지적 활동 가운데, 향기인 양 먼지인 양 뜻하지 않던 생각과 감정들이, 아련하게 올라오니 말입니다.

춤을 출 때, 몸은 정(靜)과 동(動)으로 번갈아 자맥질합니다. 정 안에서 동일 때 한없이 광활한 지평선을 보는 듯 시야가 넓습니다. 이내 정은 동이 되고, 동 안에서 정일 때 동은 정을 딛고 그 위를 달립니다. 정과 동이 번갈아 가는 도중에, 씨줄 날줄을 얽어 바구니를 짜듯 바닥을 만들고, 몸과 마음은 그 위를 날아오릅니다. 박차는 발은 힘차고 날아오르는 마음은 가볍습니다. 정과 동, 동과 정은 이렇듯 엎치락뒤치락 번갈아 가며 춤 흐름 안에서 교차합니다. 그리고 깊은 정신세계 그 안으로 자맥질해 가는 추진력을 줍니다. 그 사이, 주변에는 물씬물씬 생각지 않았던 생각이 떠오르고 감정이 피어납니다.

살풀이춤은, 한이 다는 아니지만, 한을 표상한 춤의 대명사로 인식되어 있습니다. 살풀이춤을 추다 보면, 인식 밑바닥에 침잠해 있는 근원이 되는 슬픔이란 바다 근처에서 떠도는 존재인 듯 느껴집니다. 춤을 추다 느끼는 슬픔은 일련으로 구성된 사건으로 드러나지 않습니다. 불쑥, 춤 가운데 불현듯 나타나서 사람을 당황하게 합니다. 아마도 그건 어딘가 깊은 곳에서 부유하던 기억 덩어리가 아닐까 싶습니다. 저 깊숙한 곳에 똬리를 틀고 앉아서 올라올 기회만 엿보다가 솟아나기 때문입니다. 춤이 진행되는 가운데 춤은 자맥질을 하고, 이를 통해 그 기억 덩어리를 일으키고 어르고 달랩니다. 기억은 춤 안에서 이내 풀어집니다. 그리고 마음은 여유를 되찾습니다.

 그날을 기억합니다. 살풀이춤을 추면서 고인이 된 아버지와 마음속으로 화해했던 날입니다. 춤을 추는 가운데 떠오른 그의 모습에 의아했습니다. 지금 생각을 정리해보니, 아마 첫 순간엔 머릿속 영상을 지우려 했던 것 같습니다. 이제 막, 춤에 박차를 가하던 과정이었고, 아직 가야 할 길은 멀었습니다. 게다가 객석은 만석이었습니다. 어서 그림이 사라지기만을 바랐습니다.

 생전의 아버지와는 불행하게도 관계가 꼬여갔습니다. 둘의 마음은 그렇지 않았지만, 선대에서 만든 수많은 인연의 끈들은 작은 머리로는 이해하기에 역부족이었고, 관계의 불편함은 나를 옭매었습니다. 하지만 인연은 복잡하고 질긴 것이어서 쉬이 끊을 수 있는 것이 아닙니다. 멀리서 애만 태우며 시간을 보냈습니다. 그러다 어정쩡한 시간 안에서 마지막 인사를 나누지 못하고 그를 떠나보냈습니다. 장지에서 돌아온 후에도 한참을 마음 깊은 애정에 서운했습니다. 하지만 눈에서 멀어지니 곧 마음에서도 멀어졌습니다. 양가감정으로 가끔 어수선도 했지만, 삶 가운데 바쁜 나에게 이런 감정들은 쉽사리 무시됐습니다. 이후 막상 남은 건 오히려 후련함과 가벼움이었습니다.

그런 그가 춤 사이 불현듯 떠오른 겁니다. 지워야 했습니다. 집중이 흐트러지지 않는 한도 내에서 다양한 생각을 떠올려보았습니다. 그런데 주변에 그는 있었습니다. 이리저리 춤사위가 꼬이고 풀리는 가운데, 옆인 듯 앞인 듯, 그의 모습이 자꾸만 눈에 걸렸습니다. 흐트러지지 않으려면 대안이 없었습니다. 춤 주변에 머물던 그를 대면해야 했습니다. 대면이라는 표현이 맞을 듯합니다. 집중을 그에게 모았습니다.

참 이상했습니다. 그는 내가 알던 그가 아니었습니다. 낯설었습니다. 그저 그런 남자 하나가 서 있었습니다. 한계 안에 있지만 나눌 누군가가 없는 한 사람입니다. 무진장 애를 쓰는 젊디젊은 정신은 외로워 보였습니다. 아, 그렇구나. 그랬구나. 그가 매번 보여준 꼭 다문 입술은, 근엄했던 표정은, 돌리던 눈빛은 실상 정답을 쥐고 있던 게 아니었구나. 나의 이해는 그를 안았습니다.

그 시간의 춤이 잘 추어진 건지, 몹쓸 춤이었는지는 모르겠습니다. 그건 중요하지 않습니다. 그때의 경험은 이후 사람을 대하는 나의 눈을 바꾸어 놓았기 때문입니다. 이젠 그 누구도 필요 이상 우러르느라 나를 지키지 못하는 실수를 반복하지는 않겠다, 생각했습니다. 그리고 이제 좀 더 편해진 마음으로 그를 보냈습니다.

그전에도 그랬지만 그때 이후로 춤은 더욱더 나에게 위로가 됩니다.

오늘도 춤은 내뱉는 호흡이 되어 공기 중으로 퍼집니다. 나는 공간에서 춤을 추지만, 실상은 춤으로 꽉 찬 공간이 나를 안고 보듬고 토닥여 줍니다. '괜찮아.'

추켜, 추어, 춰

춤이 좋아지니 그 본색이 뭘지, 다른 이들은 어떻게 보는지, 궁금했더랬습니다. 그래서 찾기 시작했습니다. 먼저 글로 적힌 '춤'을 찾았습니다. 뭐 간단하고 쉽겠지, 생각했습니다. 우선으로 단어의 어원에 대해 자료를 찾았습니다. 그런데 아무리 보아도 한글 '춤'과 연관해 정리된 생각을 찾기 어려웠습니다. 자연스레 영어 댄스(Dance)나 한자 무(舞), 무용(舞踊)으로 연결될 뿐, 우리말인 춤과의 연관은 쉬이 보이지 않는 겁니다. 황당했습니다. 당연할 듯한데, 어째서 춤과 관련한 얘기가 없는 것일까? 좋은 것이나 진리를 찾을 때면 우리 내부보다 외부에서 그 가치를 찾으려고 하는 태도 앞에 선 듯해, 안타깝고 씁쓸했던 기억이 납니다. 아마 너무 당연한 내용이기에 언급이 되지 않은 것일 수 있겠다 생각하며, 오래된 책을 두는 고서 창고로 들어가 살폈습니다.

오래된 고서까지 뒤져가며 확인한 결과는 예상과 별반 다르지 않았습니다. 다들 알만한 내용을 확인했습니다. 춤은 '추다'라는 동사에서 온 단어라는 단순한 사실 말입니다. '추다'는 아래로 흘러내리기니 처진 상태를 위로 끌어올리는 꼴을 말합니다. 어린 동생의 쳐진 바지춤을 추킬 때, 술에 취해 비틀대는 친구의 옆구리를 추킬 때, 무언가 다시 시작하려 마음을 추스릴 때 쓰는 그 '추다' 입니다. 확인을 마쳤으니 명확하게 정리되었습니다. 춤은 '축 처진 심신을 위로 추켜 올려 기운을 불어넣는 행위'입니다.

우리춤은 말합니다.

우울할 때면 누워서 가만히 있지 말고, 음악을 틀어놓고 천천히 움직여 봐. 바닥을 밀어내고 너의 몸을 자유롭게 해.

실제 먼발치에서 우리춤을 보면, 아래로 쳐진 모습에서 시작해 위를 향해 무언가 보내거나, 걷어 올리는 형태를 반복하는 모양새를 쉽게 봅니다. 춤을 추는 기본적인 방법 또한 이와 같지요. 춤의 주제도 그렇습니다. 가라앉아 무거워진 심신을 의욕적인 흥의 세계로 옮기는 내용이 많습니다.

외국 분이 승무를 관람하다가, 춤 시작 부분을 보고 술 취한 사람 이야기냐고 문의했다는 걸 읽은 적이 있습니다(춤을 추신 분이 누군지 엄청 잘 추는 분이었던가 봅니다). 타 문화인의 눈에 비친 생경한 모습은 춤이 담은 진실이었을 수 있습니다. 우리춤은 삶을 그리는 것이고, 사는 것의 근원에는 정답은 모른 채 뒤뚱거리게 하는 흔들림이 있을 테니까요. 춤은 진행되면서 초반의 슬픔에서 벗어나 기쁨으로 향하고 이어 환희로 넘어갑니다. 이때 추는 이와 보는 이는 서로 주고 나누다 결국, 하나가 됩니다.

축 쳐진다고요? 자, 함께 춤을 추시지요.

장독대 QR-02

지방 여행을 가면 그곳 특산음식을 맛보는 기회가 있는데, 항상 즐겁습니다. 그런데 간혹, 지역색이 너무 진하게 나서, 나 같은 초딩 입맛으로는 당해낼 재간이 없는 특이한 음식이 있기도 합니다. 하지만 그런 경험이 그리 나쁘지만은 않습니다. 대부분 몇 번 먹어보면, 번번이 깊은 애정으로 돌아서게 됩니다.

다양한 맛은 다양한 추억이 됩니다. 지역의 특산음식은 그 지방을 기억하게 합니다. 진도 뜸북국이 뻘 너른 진도바다를 떠올리게 하고, 곰취장아찌는 알싸한 강원도 산바람을 느끼게 하며, 강릉의 두부가 커다란 호수를 그리게 합니다. 그리고 각기 그곳의 정겨운 인심을 생각하게 하지요. 지역명만 들어도 소복이 담긴 그릇이 그려지고, 음식 한 수저만으로도 그 땅이 그리워집니다.

그런데 조금씩 그런 기회가 줄어듭니다. 전국 어디를 가든 비슷한 맛이 난다고 할까요? 불편한 맛이 없어 편한데, 아쉽습니다.

언젠가 우리춤 통일안을 만들어 배포하자는 제안을 받은 적이 있습니다. 통일안이 있다면, 이를 중심으로 좀 더 많은 이들이 쉽게 우리춤에 입문할 수 있지 않겠느냐는 것입니다. 설명에 고개를 끄덕이다가도 한편으로, 통일안을 만드는 것이 과연 능사일까, 생각했습니다.

우리춤에는 몇 개의 <기본무>가 있습니다. 본격적으로 춤 작품을 시작하기 전에 몸을 푸는 의미로 추는 춤을 말합니다. 지금의 전통춤이 전통이 아닌 당시의 춤으로 추어질 때는 <입춤>이 기본무의 역할을 했습니다. 그러다가 해방과 전쟁 이후, 우리춤 1세대라 할 김백봉, 박금슬, 송범, 김천흥 등이 각기 저마다의 기본무를 만들었습니다. 그래서 기본무는 각기 예술가 특성에 따라 다른 내용과 형식을 갖습니다. 이처럼 각기 다른 기본무가 갖추어져서, 현재 우리춤 다양성의 기틀이 되고 있습니다.

우리나라는 그리 넓은 편이 아닌데 춤은 유독 각기 지방마다 달랐습니다. 한 스승에게서 갈라져 나온 예술가들은 각기 저마다 자신의 류파를 형성해, 같음 안에서 다름을 추구했기 때문입니다. 춤은 사람에게서 사람으로 이어집니다. 손으로 건네는 물건과는 다르지요. 오죽하면 구전심수(口傳心授)라고 하지 않던가요? 그래서 우리춤은 필연적으로 유동적이란 특징을 갖습니다. 이렇듯 끊임없이 흘러 움직인다는 건, 춤의 단점이자 장점입니다. 단점은 인식해 보완하고 장점을 드러내야 합니다. 세상에는, 젊음과 바꿔야만 지혜가 쌓여가는 것처럼, 지키려 해도 지켜지지 않고 자꾸만 변하고 서로 달라져서 아름다운 것들이 있습니다. 우리춤처럼요. 그래서 스승은 자신의 춤을 그대로 전승하지만, 동시에 자신과 똑같이만 추려는 모양을 '사진춤'이라고 낮게 보았습니다.

춤은 각 집 장맛과 같습니다. 넘보기 어려운 옆집 장맛 말입니다. 장을 섞이 쉽고 편하게 천편일률적인 기본형을 만들어낼 게 아니라, 남아있는 각기 장맛을 찾아내고 그 비결을 궁구해야 하지 않을까요? 다양한 장맛을 늘어놓는 것은, 지금 여기에 의미 있는 일일 것입니다. 언젠가 본, 수백 개의 장독이 늘어선 장면은 장관이었습니다. 보는 것만으로도 풍족했고 든

든했습니다. 각 독 안에는 각기 자신만의 우주가 익어가고 있을 겁니다.

'이거'라고 할 내 집 장맛, 춤 맛은 과연 무얼까 궁리해 봅니다.

비우기

　내겐 매일같이 춤을 추면서 머릿속으로 그리는 지도가 있습니다. 지도의 중심에는, 언젠가 손에 넣고야 말겠다는 원대한 계획하에 한발 한발 다가가는, 꿈속의 보물상자가 있지요. 그 상자 안에는 춤을 추어서 이뤄내고 싶은, 아래와 같은 꿈이 들어 있습니다.

　자연을 춥니다. 흐름대로 움직입니다. 그래서 움직임은 형상을 그리는 것에서 머무르지 않습니다. 움직임(動)을 딛고, 기(氣)를 넘어, 허(虛)의 세계를 추구합니다. 나는 춤을 추면서 나를 없게 합니다. 춤은 남고 나는 사라집니다. 곧 춤도 사라집니다.

　나는 춤을 추며 구름 위를 걷는 신선의 모습을 그립니다. 근심과 걱정이 무어란 말입니까. 휘적휘적 허허로운 몸짓이 한가로운 안빈낙도(安貧樂道)의 한때에 머뭅니다. 매일 춤을 통해 이 세계에 들어가고자 합니다. 그리고 이제 당신에게 권합니다. 춤을 추며 함께 가자고요. 얘길 들어보니 어떤가요? "좋다 …… 좋은데, ……" 순간 고개가 갸웃해질 겁니다.

　'이 무슨 뜬구름 잡는 소리란 말인가? 아침부터 저녁까지 해야 할 일만도 벅찬데, 사는 것이 이리도 빠듯한데 한가한 소리지. 에잇, 아무래도 난 안 되겠어.'

네, 그래요. 그럼 최대한 쉽고 가볍게 말하겠습니다. 잠시 후 부드럽게 고개를 끄덕이게 될 당신을 기대하면서요. 춤은 어렵거나 무거운 대상이 아닙니다. 리듬에 맞춰 몸을 흔들면, 오케이, 그게 춤입니다. 춤은 그렇게 삶을 가볍게 하고 윤을 냅니다. 바로 여기에 '전통', '우리'가 붙으면 색감이 좀 달라집니다. 정돈된 문화가 된다고 할까요. 그래서 지나온 시간의 문화는 삶에 하나의 유익한 교재처럼 도움을 줍니다. 그들의 삶이 이어져 후예에 의해 추려진 문화는 유용한 양식이 되어 우리를 살찌우지요. 춤 또한 이와 같아서 춤에게서 '지혜를 읽어내는 길'을 안내받을 수 있습니다.

곱게 머리 빗듯 천천히 가볍게 춥니다.

처음부터 안빈낙도에 임하면 아마 견디기 힘들 겁니다. 분명 심심할 테니까요. 거긴 노래방도 없고, 게임도 없고, 티브이도 없고, 주점도 없습니다. 노래방도, 게임도, 티브이도, 주점도 없는 그곳에서의 허허로움을 꿈꾼다고요? 그럼, 진지함을 벗은 가벼움이, 욕심 없는 소탈함이 필요합니다. 가볍게 조금씩 질서를 맞춰갑니다. 욕심내지 말고 조금씩 젖어 드는 겁니다. 촉촉하게. 그러다 보면 …… 어느새 박과 박 사이의 고요함이 들리고, 호흡과 호흡 사이의 공간을 느끼게 됩니다. 그리고 장사꾼 호객 행위처럼만 들리던 단전의 조임, 기의 흐름, 맥의 전달이 보이는 지점에 이릅니다. 이렇듯 우리춤은 비우기입니다. 꽉 채워서 비워내면, 그 자리에 또 다른 것이 채워집니다. 이걸 반복하는 거지요.

사실 우리춤이 범접할 수 없는 별세계의 색다른 마력을 가졌거나 하진 않습니다. 어찌 보면 단순하기 짝이 없습니다. 무척 쉽습니다. 그런데 이런 단순함은 공간을 만듭니다. 공간은 여유의 다른 이름입니다. 우리춤은, 살짝 눈을 감고 쉬듯이 그렇게 여유를 줍니다. 맹목적인 바쁨으로 서두르느라 지칠 때면 빈자리를 찾아 두리번거리게 되지요. 이때 우리춤은 휴식이 됩니다. 가볍게 다가가 가볍게 추면, 생활이 가벼워집니다.

거울아 거울아

아침에 일어나면 가장 먼저 절 방석으로 자리를 옮깁니다. 절은 정신건강에도 몸 건강에도 최고입니다. 도톰하게 깔린 자리에서 천천히 몸을 몇 번 접었다 펴는 동안 눈에 물기가 돌면서 정신도 맑아집니다. 밤사이 굳었던 몸 구석구석이 윤활해져 자연스러운 질서가 느껴집니다. 절을 마치면 의욕적으로 샤워를 마치고 거울을 들여다봅니다. 하지만 이 순간, 애써 만든 질서가 깨지고 맙니다. 요즘 들어 거울을 보는 건 고역입니다. 부쩍 늘어난 시름을 확인하기 때문이죠. 듬뿍 바르는 로션의 양이 무색하게 거울이 보여주는 진실은 가혹합니다. 백설공주네 왕비님도 매일 거울 앞에서 놀다가 그만 무릎을 꿇지 않던가요. 진실 앞에 서면 당황하다 못해 짜증스러운 마음마저 일어납니다.

우리네 선조는 비친 현상에 무너지지 말고 지혜의 길을 찾으라고 현명한 거울을 전해주었습니다. 옛 선비들은 아침마다 책을 펼쳐 마음을 비쳤습니다. 바로 『주역(周易)』을 펴서 자신을 살폈던 겁니다. 밤새 침실이었던 방은, 아침에 일어나 이부자리를 정리하고 세수를 마친 후 책상을 펴면, 이내 공적인 사무공간으로 변신합니다. 정갈한 모습으로 책상에 앉은 선비는 책을 펴고 점괘를 뽑는 막대기인 산가지를 골라잡습니다. 선비는 집어 든 산가지와 이에 대입되는 괘를 읽으며 세상 질서에 자신의 욕망을 가늠합니다. 그러니 점을 쳤다기보다 『주역』이라는 거울로 매일 흔들리는 마음을 다잡고 사군자의 덕을 기린 겁니다. 이를 통해 자신의 마음을 조율해 자연에 일치시킵니다.

　자연은 '스스로 그렇게 되는' 것을 말합니다. 이는 자신을 '이치'에 맞춰야만 가능합니다. 모든 일을 이치에 맞게 행한다면, 남에 의해 흔들리지 않는 주체적이고 오롯한 나로서 설 수 있습니다. 무소의 뿔처럼 혼자서 가는 진정한 독립으로의 나로 말입니다. 그런데 이치에 맞춰 사는 게 그리 녹록한 일이 아닙니다. 이치에 맞추려면 수련과 절제를 통해야만 이루어집니다. 한두 번의 의욕만으로는 불가합니다. 지속이란 덕목을 습관으로 행해야 하지요. 쉬지 않고 한눈팔지 말고 집중해야 합니다. 그런데 알다시피 이게 호락호락, 말랑말랑, 거뜬거뜬하지 않습니다. 수련, 절제에 주눅이 드는데 게다가 지속이라니요. 절로 고개를 가로젓게 됩니다.

　여기 하나의 대안이 있습니다. 어렵고 복잡한 과정은 없어도 됩니다. 쉽고 즐겁기까지 합니다. 우리춤입니다. 우리춤은 움직일 때마다 매번 이치를 향합니다. 바른 태도를 중심으로 역행하지 않는 흐름을 기준으로 삼습니다. 이런 질서 안에서 스스로를 살핍니다. 선비의 아침기도가 우리춤에 담겨 있는 겁니다. 참말 좋을 거 같지 않나요? 단지 춤만 추면 되는 겁니다. 끝. 야호! 매일 춤을 추면서, 삶의 기준을 세우며 다듬고 지켜나가, 잘 살고 있는지를 확인합니다. 하나, 둘, 셋. 세는 박자에 몸을 움직이며 마음 주름을 폅니다, '아, 중심이 흐트러지는 것을 보니 오늘 내 마음에 욕심이 생기는구나.' 스스로 돌아봅니다. 나는 매일같이 이 방법을 씁니다. 매 순간, 마음 다리미가 필요한 때가 오면 언제든 있는 곳을 연습실로 만듭니다. 무소의 뿔이 그저 솟아나지는 않으니까요.

객석에 앉아있으면 무대 위 예술가의 행위에서 적절한 순리가 보입니다. 예술가는 자연의 질서를 자신만의 모양새로 꾸며 세상에 꺼내 놓습니다. 우리는 예술가 행위에서 부지불식간에 적절한 리듬, 순리대로의 표현을 보면 긍정을 느낍니다. '좋다, 잘한다.' 판단합니다. 그리고 박수로 화답합니다. 이때의 박수는 예술가에게 건네는 인사입니다. '당신, 참 잘살고 있구나. 나도 그래볼게.' 서로의 거울이 됩니다.

흥연지유 QR-03

나에게는 새로 만든 전통춤이 몇 개 있습니다. 이 춤은 스승들께 배운 춤가락을 추고 또 추어 익히고, 깎고 조합해 다듬은 후, 새롭게 칠해 만든 것입니다. 이런 류의 춤은 새로 만든 춤이어도, 작가의 사상을 전면에 내세우는 창작춤과는 질감이 다른 춤입니다. 그리고 뿌리가 스승의 것에서 온 춤이어서 온전히 내 것으로 만들려면 탄생에 오랜 시간이 필요합니다.

<흥연지유(興然之遊)>는 내가 추는 한량무입니다. 이 춤 또한 새로 만들어 추는 전통춤입니다. 그런데 흥연지유는 다른 춤과 달리 생일이 있는 춤입니다. 언제 어디서, 태생이 분명합니다. 그 얘길 좀 해보렵니다.

매년 여기저기 춤을 출 일이 여러 번입니다. 웬만큼 갖춰진 공연에 초빙되어 춤을 출 때는 대부분 음악가를 초빙해서 라이브무대를 마련합니다. 개인적으로 초빙할 때도 있고 규모가 큰 기관이나 단체에서 초청받았을 때는 그들이 연주자도 함께 섭외해 연습과 공연을 진행해줍니다. 개인적으로 초빙할 때는 마음에 맞는 이를 섭외해서 안정적으로 진행하는 장점이 있습니다. 반면, 주최자가 초빙한 음악가와 진행할 때는 신선함에서 오는 긴장감이 제법 매력적입니다.

서울 유수의 재단에서 주최한 공연이었습니다. 반주를 맡은 팀과 흡족한 리허설을 마치고 공연에 임했습니다. 며칠 전 다른 공간에서 연습을 이미 한번 해보았기에, 익숙하진 않지만 합이 잘 맞는 편이었습니다.

본 공연이 시작되었습니다. 힘찬 장단에 안정감이 들었기에 애정 어린 마음으로 음악을 귀에 담아 몸으로 내려보냈습니다. 한참 춤이 진행되어 이제 다음 장단으로 넘어갈 시간, 호흡과 감정을 고르고 이어질 음악을 기다렸습니다.

'아, 장단이 넘어가질 않는다.'

즉흥성을 발휘해 장단을 치는 분 앞으로 가서 넘길 것을 몸으로 주문했습니다. 그러나 벙긋 벌린 그의 입매에서 장단을 넘길 눈치는 반푼어치도 없어 보였습니다. 참으로 진중하게 내 호흡을 받아 장단에 매진하는 게 아닌가요? 눈까지 지그시 반쯤 감아가며 말이죠. 그렇다면 그가 돌아오길 기다릴 수밖에 도리가 없습니다.

나의 춤에 집중해야 했습니다. 그 후로 약 삼분 여, 그대로 같은 장단에 춤을 추었습니다. 어디 있었는지 모를 선율이 일었습니다. 난생 해 보지 않은 동작이 나오고 생각지도 않았던 동선이 꾸려졌습니다. 거기에는 스승이 그리도 강조했던 신(神)을 다스려야 할 지(知)는 사라지고 없었습니다. 그저 선율을 몸으로 풀 뿐이었습니다. 징단을 치는 분은 늘떠 있는 내 호흡에 맞추어 기복이 많은 거친 장단을 붙였습니다. 춤을 추는 나나 연주하는 음악가 모두 신기(神氣) 같은 리듬만이 충천했으리라 생각합니다. 객석 여기저기서 흥이 듬뿍 담긴 추임새가 거세게 쏟아졌습니다.

다음 날, 그 시간을 추렸습니다. 동작과 동선을 기록했습니다. 곧이어 해외공연 여행을 떠나게 되었습니다. 낯선 호텔과 공원 귀퉁이에서 춤을 지었습니다.

흥연지유는 이렇듯 흥이 일어난 가운데 자연스레 탄생한 춤입니다. 그래서 '자연스럽게 흥이 일어 노니는 춤'이라는 의미로 흥연지유란 이름을 주었습니다. 이렇듯 전통춤의 흐름 가운데 즉흥으로 나온 춤 탄생을 우연이라 할 수는 없습니다. 우연이라면 그건 움직임의 조합 그 이상이 아닐 것입니다. 하지만 흥연지유의 춤사위는 전통춤이 갖는 여러 방식과 분위기 안에 있습니다. 그래서 삼분 여의 시간 동안 맛본 그 새로움은 기존 축적된 기억들이 만들어 쏟아낸 조형들이라고 분명히 말할 수 있습니다.

노년의 피카소가 카페에서 냅킨에 그림을 그렸답니다. 옆 사람이 그걸 사겠다고 했다지요? 피카소는 그림값으로 이만 달러를 불렀답니다. 금세 그려낸 그림 따위가 뭐 이리 비싸냐고 하자, 피카소는 "이 그림 한 장을 그리는 데 육십 년이 걸렸소."라고 했다지 않던가요?

흥연지유는 사십 년이 걸렸습니다. 예술에 '얻어걸리는 건' 없습니다.

악당

친한 무대 스태프에게서, 분장실의 삼대(三大) 악당(惡黨)으로 뽑힌 적이 있습니다. 내가 실은 이런 사람입니다. 넘버 쓰리에 뽑힌 몸이라구요! (......) 그 스태프가 누군지 말씀드릴 수는 없습니다. 물론, 나머지 이대 악당이 누군지도 밝히진 못하겠고요. 하지만 나를 낙점한 스태프의 의견이 너무 단정적이라는 점을 주장하는 바이며, 뽑힌 나머지 두 분의 악행에 대해서는 침묵으로 동의해 마지않는 바입니다. (......) 그런데 사실, 좋은 사람 나쁜 사람이 어디 있겠습니까? 모든 건 관계에서 결정될 뿐입니다. 아무리 나쁜 인간이라 할지라도 내게 잘 대해주는 사람이라면, 내가 사랑하는 사람이라면, 그럼 그 누구보다 내겐 좋은 사람일 수밖에 없지 않겠습니까? 그러니 제삼자가 나쁜 사람이라고 평가한다고 해서, 그 말만 듣고 그저 그렇다고 단정할 수는 없는 노릇입니다. 그러면 안되는 거지요! 다만 어떤 상황에 맞닥뜨리면, 참기 힘들게 꼴 보기 싫은 인간이 있게 마련이긴 합니다. 자신을 잘 대해주는 이에게, 사랑해주는 이에게 미운 짓을 하는 거지요. ...... 분장실에서 내가 그랬나는 겁니다. (예전에, 아주 가끔!)

사람이 싫어지게 만드는 요인은 대부분 아주 작은 것의 부재에서 비롯됩니다. 스치는 순간의 배려, 예절 같은 것들이지요. 그러니 좋은 평을 받으려면 복잡미묘한 관계의 많은 면에서 참는 것이 필요합니다. 서로의 마음을 미리 알고서 참아주는 것, 좋은 사람이 되는 비결이라 할 수 있겠습니다.

사람 마음을 아는 거, 어찌 보면 어렵지 않습니다. 마음이란 게 금세 드러나기도 하니까요. 마치 물 아래 놓인 거울 같지요. 흐르는 물의 깊이 때문에 안 비칠 것 같지만 넌지시 들여다보면 금세 비치는, 물속의 거울 말입니다. 흐르는 물을 '생각'이라 하고, 그 안의 거울을 '마음'이라고 해볼까요? 흐르는 물과 그 안의 거울, 이 생각과 마음은 너나 모두에게 있는 것입니다. 그러니 보이는 대로, 느끼는 대로 여과 없이 표현하는 건, 다시 한번 생각해보아야 할 일입니다. 분위기 파악 못 하고서, 쓸데없이 솔직하면 안 되겠지요. 사람 관계에서 진실됨은 무엇보다 중요하지만, 그렇다고 아무 때나 진실되기만 한 사람은 환영받지 못합니다. 사실 진실하다기보다 솔직이라는 미명으로, 자신의 내면에 있는 불편함을 표출할 때가 더 많기 때문입니다. 그래서 살다 보면, 가까운 사이일수록 오히려 얇은 가식이 필요할 때가 참 많습니다.

얘기를 정리해보니, 나를 스스로 평가해 볼 때, 생각의 바닥이 얇아 마음이 금세 비치고, 쓸데없이 솔직하며, 참을성이란 도무지 찾을 수 없는 사람이라는 결론이 나옵니다. 그야말로 삼대 악당에 뽑힐, 딱 맞는 요소를 두루 갖췄다 하겠습니다. (아주 가끔, 예전에!)

무대를 준비할 때면, 이렇듯 스스로에게서 바닥이 드러나 보일 때가 있습니다. 공연일이 확정되는 그날부터 마음이 불편해집니다. 마치 일정표의 공연일에 핀셋을 꽂고 돌아서면, 입은 스웨터 실오라기 하나가 그 핀셋에 걸려 스르르 풀리기 시작하는 기분입니다. 이때부터 모든 일거수일투족이 거치적거립니다. 처음부터 이 실오라기를 잘 처리하지 않으면,

나중에는 몸에 칭칭 감겨, 주변을 온통 난장판으로 만들고 맙니다. 의식하지 않으려 애를 써도, 매사가 예민한 신경증에 걸리게 되지요. 그러니 아침에 듣는 음악부터 선곡이 까다롭게 됩니다. 신경 써 고른 음악을 틀면, 선율은 귀를 열고, 감각을 깨우고, 몸과 정신을 보들보들 뽀송뽀송하게 합니다. 그러면 출근길 운전대를 잡은 손아귀의 긴장이 한결 나아집니다. 연습실에 도착해 조금은 가벼워진 마음으로 땀 흘려 연습하면서, 몸은 점점 더 춤에 다가갑니다. 이렇듯 연습에 매진하다 보면, 꼭 감정의 껍질이 한 꺼풀씩 벗겨지는 것 같습니다. 날이 갈수록 신경은 유연해지고, 연약해지고, 투명하고 얇게 변합니다. 투명하게 된 얇은 신경은, 마치 막 생긴 상처에 호~ 하고 입바람만 불어도 시린 것처럼, 예민하기 그지없습니다. 이 상태가 되면, 티브이 광고의 환한 미소만 봐도 금세 사랑에 빠질 것 같고, 햇살을 잠깐 가리는 구름 그림자에도 눈물이 나고, 발가락 꼼지락거리는 것만 봐도 서글퍼집니다.

드디어 공연 날. 거의 모든 준비를 마친 상태입니다. 나는 마치 대인배인 양 아무 일 없다는 듯 스텝들과 인사를 나누고 눈웃음으로 애정을 건넵니다. 하지만! 옷을 입다 벗나간 매듭 히니에도 손끝이 부들부들 떨리고, 펴지지 않는 옷 주름 하나에도 이마 핏줄이 굵게 섭니다. 툭 떨어지는 종이컵에 심장이 덜컹하고, 뻑뻑해서 발에 들어가지 않는 버선에는 가슴이 벌렁거립니다. 급기야 머릿속에 여유라고는 하나 없이 나만이 가득 차게 됩니다. 마침 옆에 '좋은 사람'이라도 있을라치면, 참지 못한 예민함을 툭 터놓고야 맙니다. 악당으로 등극하는 순간입니다.

일요일 오후, 느지막이 산책을 나서려 엘리베이터 앞에 서 있으면, 옆집 개가 맹렬히 짖어댑니다. 아마도 식구들이 없는 게 분명합니다. 어디 볼일을 보러 나가신 게지요. 어찌나 열을 다해 짖어대는지, 마치 나를 도둑 취급하는 듯해 서운하기까지 합니다. "우쭈쭈쭈" 달래고는 살짝 억울해진 심사에 속으로 말을 건넵니다. '알아, 알아. 네가 짖는 건 무서워서 그런 거지? 개통령께서 알려 주셔서 나도 다 안단다. 하지만 난, 너나 너네 집에 아무런 관심 없어. 정말이야! 그냥 지나가는 거야. 그러니 개야, 아무 걱정마.' 물론 개는, 그러든지 말든지 엘리베이터 문이 닫힌 이후까지도 들리도록, 멈추지 않고 짖어댑니다. 층수 버튼 앞에 선 나는 땀을 삐질 흘립니다. '내 말을 전혀 듣질 않는 거지. 아니 들을 여유가 없겠지. 저런, 악당 같으니라구!'

집

　임할 멋진 곳이 아무리 많아도, 사람은 시점마다 한 공간만을 선택해야만 합니다. 우리는 한 번에 한 공간에만 머물 수밖에 없는 한정된 존재니까요. 이렇게 한 곳에만 머물 수 있기에 그토록 본능적으로 남의 공간에 관심이 많은 것일까요? 영상매체를 보면, 새집을 구경하는 랜선(Lan線) 집들이, 필요한 집 대신 찾아주기, 헌 집 새롭게 꾸미기 등 공간에 관한 프로그램이 다채롭습니다. 국내외를 막론하고 크기, 지역, 주변 환경, 경제적 상황 등에 따른 다양한 집들을 구경하는 건 정말 재미있습니다. 그중 살고 싶은 집을 발견할 때면, 잠시나마 상상 속에서 공간을 내 것으로 꾸며보기도 합니다. 그런데 이것도 자꾸 보니 공간이 사람이구나 싶습니다. 특이한 공간에 사는 이들의 인터뷰를 보면, 이 사람은 정말이지 자신의 공간을 사랑하는구나, 느껴집니다. 집을 재산으로 생각하는 이가 볼 때는 별 볼 일 없어 보일 공간일지라도, 어찌나 애정 어린 설명을 이어가는지 눈에 생기가 반짝입니다. 이렇듯 공간과 소통하는 마음을 가진 이가 사는 곳은, 집이 살아 움직이는 생물인 듯 반들반들합니다. 정성 들여 수리하고, 가꾸고, 바꿔 나가는 그들을 보면, 괜스레 반성의 눈빛으로 주변을 쓰윽 살피게 됩니다. 이처럼 집을 소유하는 것에 그치지 않고 함께 살아가는 이들에게서 공간을 통한 성장을 봅니다. 반면, 아무리 좋은 집이어도 소통의 마음이 없는 이가 들어앉는다면, 그건 그저 얼마에 거래되는 물건 덩어리일 뿐이지요.

　집뿐 아니라 사람의 정신과 몸도 단 한 번의 시점과 공간에만 존재할 태생적 한계를 가졌습니다. 그래서인지 남의 집 들여다보기를 좋아하듯 남의 외모 살피기 또한 좋아하나 봅니다. 그런데 생각해보면, 집과 달리 정신과 몸을 분리해 말한다는 것은 우스운 일일 것입니다. 그렇지 않은가요? 몸에 정신이 깃들고 정신이 몸에 있습니다. 그러니 이런 얘길 언급하는 건 시간 낭비일 뿐입니다. 하지만, 자신의 몸을 얼마나 이해할까 생각해보면, 그렇지도 않다는 걸 알 수 있습니다. 많은 이들이 자신의 몸을 잘 모릅니다. 웬만해선 몸을 구체적으로 생각하지 않습니다. 몸을 나눠 생각하지 않고 그저 '나'라고 생각하기에 몸을 당연하게 여깁니다. 좀 아프기라도 해야 돌아보고, 아픈 몸에도 짜증을 부리기 일쑤입니다. 그러면서 몸과 자신은 하나라고 합니다. 하나는 그런 게 아니지 않나요? '당연히'는 '무시'와 동의어가 아닙니다. 그런데 왜 티브이에는 당연하게 사랑받아 마땅한 애인을 무시하고, 당연하게 존경받아 마땅한 가족을 무시하는 얘기가 넘치는 걸까요? 세상에 당연한 것은 없습니다. 당연히 여기면 무시하게 됩니다. 무시하면 문제가 생깁니다. 자신의 몸도 마찬가지입니다.

　사람은 잃고 나서야 그 귀함을 압니다. 당연하게 알아서 무시했고 그 대가를 받았던 나의 이야기는 욕심에서 비롯되었습니다.

　어릴 적, 어깨너머로 춤을 배웠습니다. 화가가, 배우가, 판소리 가수가 되고 싶었던 나는 매일 아무것도 되지 못한 상태였지만 알 수 없는 확신, 근자감이 있었습니다. 호기심 하나는 유독 많았기 때문인 듯 합니다. '언젠가는 혼자 놀며 그 결과를 드러내는 예술가가 될 거야. 그러니 뭐든 흡수해야 해! 그럼 무엇이든 될 거야!' 명확하지 못한 목표를 위해 다양하게 탐색했습니다. 그리고 여러 가지 여건에 의해 이런저런 걸 배웠습니다. 피아노, 서예, 미술, 연극, 탈춤, 판소리, 춤. 하지만 지속적이지 못한 학습은 그저 경험에 불과했습니다. 짧은 짝사랑으로는 쉽게 답을 얻을 길이 없었습니다. 깊은 내면에는 도달하지 못하고 항상 겉돌기만 했습니다. 길을 찾을 수 없었습니다. 그저 불안정한 가운데 시간을 보내야 했습니다.

  나는 시간이 비면 걷는 습관이 있습니다. 걷다 보면 불편하거나 혼란스러운 마음이 차분히 가라앉는다는 걸 은연중에 알게 되었기 때문입니다. 그날도 계획된 일정이 취소돼서 터벅터벅 걷고 있었습니다. 이런저런 상념을 하다가 진로에 대한 고민에 봉착했습니다. '어쩌면 좋을까?' 그러다 마침내 결심에 이르렀습니다. 그날의 거리가 기억납니다. 바람에 먼지가 뿌옇게 일던 대로변. 문을 닫은 상점들이 떠오르는 걸 보면 휴일이었던가 봅니다. 이런저런 생각들 가운데 길어 올린 하나의 결론. '제일 하고 싶은 걸 하고 살자. 그러니 이제 춤만을 추어야겠어!'

  그날 이후, 많은 시간을 춤으로 보냈습니다. 여기저기 춤을 출 곳이면 어디든 갔습니다. 초중고 학생들을 위한 수업에도 할 수 있는 한 빠지지 않고 참여했습니다. 어린아이들 사이에 줄을 서서 함께 피루엣을 돌았습니다. 지루함이나 부끄러움 같은 건 나의 몫이 아니었습니다. 바캉스나 휴가는 계절 특강으로 대신했습니다. 새벽이건 저녁이건 연습실에 머물렀습니다.

  그러다 그만 허리를 다쳤습니다. 일단 돈이 없었지만 쉴 수도 없었습니다. 진통제로 근근이 몇 년을 때웠습니다. 하지만 결국 수술대에 오르게 되었습니다. 의사 선생님은 이제껏 참아온 긴 인내를 칭찬하는 대신 미련

하다 꾸짖었습니다. 당시 수술로 인해 심적, 육체적으로 무척 힘든 시간을 보냈습니다. 하지만 이후에도 연습을 게을리하지 않았습니다. 오히려 회복을 위해 더 많은 시간을 연습실에서 보냈습니다. 하지만 이제 큰 아픔을 겪고서 나는 달라져 있었습니다.

가장 많이 달라진 것은 이제 몸과 함께 시간을 보낸다는 것입니다. 이전에 몸은 그저 나였습니다. 그래서 귀를 기울이지도 눈길을 주지도 않았습니다. 하지만 이제는 명확하게 '대상'이 된 몸을 마주하게 된 것입니다. 이렇듯 오래 아픔을 겪은 이후에야 나는 몸을 대상으로 객관화하게 됐습니다. 몸은 이제, 존중하고 보살피고 쓰다듬어 줄 때, 내게 리듬을 주고 맑음을 주고 즐거움을 주는, 나의 집이 된 것입니다.

나는 실제로 집돌이입니다. 내가 사는 집을 무척 좋아합니다. 거리를 보여주는 창을 볼 때마다 신기하고, 누워 바람을 느끼는 마루가 고맙고, 밥그릇을 놓는 테이블이 기특합니다. 웬만해서는 집에 머물려 하고, 집 안에 있을 때면 쓸고 닦기에 바쁩니다. 그리고 몸을 위해 많은 시간을 씁니다. 토닥토닥 정신의 집을 쓰다듬고 청소하고 기특해합니다.

몸아, 고맙고 고마우니 고맙다.

박쥐 갓

옛 물건들이 놓인 방안을 보면 사방에서 부적을 볼 수 있습니다. 노란색 네모난 종이에 빨간 경면주사로 적은 부적이 아니어도 말입니다. 예전 일상에서 부적을 벗어날 길은 없었습니다. 집안 모든 물건에 길함을 바라는 마음이 깃들어 있기에, 물건 자체가 부적인 셈이기 때문입니다. 경대, 장롱, 화초장, 문갑 할 것 없이 나비, 거북, 박쥐 문양을 경첩으로 붙이고, 잉어, 용, 사군자, 매미 등의 무늬로 장식을 했습니다. 이 문양들은 모두 자식이 잘되길 바라는 부모의 마음, 사랑하는 이의 출세를 바라는 아낙의 마음, 태평성대를 바라는 군자의 마음, 부모님 장수를 바라는 자식의 마음입니다. 입는 옷은 또 어떤가요? 천을 짤 때면 상서롭다는 포도무늬, 장지무늬, 운문이나 복(福), 수(壽) 자를 비단 배경에 심어 짜고, 길일을 택해 옷을 지었습니다. 다 만든 옷에는 소매부리나 목, 겨드랑이 등 맵시 나는 곳이나 넓은 앞뒤 판에, 촘촘하거나 드문드문하게 금박을 찍었는데, 아예 대놓고 부(富), 귀(貴), 다(多), 남(男) 등의 글자를 새겼습니다. 옷 위에는 쭉쭉 뻗는 낙지발 매듭에 영첩히다는 호랑이 발톱이나 벼락 맞은 대추나무 그리고 건강에 최고라는 옥으로 호롱박, 대나무, 매미, 두꺼비 등을 깎아 이렇게 저렇게 달았습니다. 이뿐 아니라 생활 전반에 걸쳐 기원의 마음을 담아 여기저기 놓고, 걸고, 뿌리고, 심었습니다. 지금의 생활에서는 상상도 하지 못할 섬섬(纖纖)한 정성이 일상에 깔려 있었던 겁니다.

가지고 있던 중형차를 팔았었습니다. 그 돈으로 갓을 사고 나머지로 작은 소형차를 하나 구입했습니다. 갓? 그 머리에 쓰는 옛날 모자? 그 갓, 맞습니다. 소형차를 산 걸 자랑하고자 하자는 건 아닐 거고, 얼마나 줬기에 모자 하나 산 것을 얘깃거리 삼는지 의아할 겁니다. 사실대로(자랑스레) 말하자면, 새로 구입한 소형차와 거의 같은 가격으로 샀습니다. 당시 듣기로 이 갓은 유명박물관에 하나, 손꼽히는 재벌 집에 하나 그리고 나에게 세 번째로 팔린 거라고 했습니다. 예술가로선 내가 첫 번째인 거지요. 드디어 일등을 먹은 순간입니다. (......) 박쥐 갓이라 불리는 그 모자에는, 전에 보았던 것보다 훨씬 큰 양태에 근사한 박쥐가 두 마리 날고, 높은 갓 모자에는 춘천옥으로 깎은 학 한 마리가 품위 있게 앉아있습니다. 옻칠한 갓끈은 가볍게 흔들리는데 아래쪽에 동그란 옥고리가 하나 달랑거립니다. 와! ...... 근데 이게 그 값이라고? 지금도 그렇지만 더욱이 당시, 난 그런 비싼 물건을 살 형편이 절대 못되었습니다. 물론 부유한 분들에겐 별 거 아닌 가격일 수 있겠지만, 그때나 지금이나 내겐 엄청난 지출에 해당합니다. 그런데 무리를 해서 차를 팔아가며 매일 쓸 것도 아닌 모자 하나를 산 이유는 무엇일까요?

당시 공연을 준비 중이었습니다. 내 돈을 들여서 하는 공연은 이것이 마지막일지 모르겠다는 생각으로 공연에 임했습니다. 번 돈 모두를 나 자신에게 투자하던 때였기에, 물심양면 도와주는 아내가 있었지만, 경제적으로 너무도 힘에 부쳤습니다. 하지만 그럴 때일수록 더 집중해야겠다는 의지가 솟았습니다. 그래서 할 수 있는 한 최고의 무대를 만들어보자 다짐했습니다. 평소 눈여겨보던 춤을 선뵈고자 동료 무용가를 섭외했습니다.

최고 명창들을 비롯한 음악가들과 약속을 잡고, 일본에서 조선무용을 하는 선생님도 초빙했습니다. 그렇게 작지만 나름의 최선을 다한 무대를 준비했습니다. 그런데 프로필 사진을 찍던 날, 사진작가께서 "성호 선생, 갓이 선생 품에 비해 너무 작아."하시는 게 아닌가요? 그날 썼던 갓은 나름 선별한 최고 품질과 크기의 갓이었는데, 그분은 내게 어울리지 않는다고 하시는 겁니다. ...... 모든 게 잘 되고 있었습니다. 대관 관련 일도 잘 진행되고 있었고, 멋진 사진 작업을 위한 장소섭외도 완료되었고, 참여 예술가들도 흔쾌히 준비 중이었고, 진행 중인 연습도 무리가 없었으며, 의상도 그 어느 때보다 아름다웠습니다. 완벽한 진행이었습니다.

그런데 ...... 갓이 ...... 작다.

최고의 장인을 물색했습니다. 그분 작업실로 달려가 장고(長考) 끝에 주문을 마쳤습니다. 이 일이 있은 몇 년 후, 오매불망하던 '백갓'도 하나 더 구입했습니다. 이때는 통장 잔고가 바닥이 났긴 했지만 다행히 차를 팔지는 않아도 되었습니다. (......) 이제 이 갓들은 내 재산목록 윗부분을 당당히 차지하며 부담스러운 위용을 뽐내고 있습니다.

이렇듯 무리를 해 가면서 귀한 갓을 쓰고픈 마음은, 자신의 일을 사랑하는 사람이면 누구나 금세 공감할 것입니다. 좋은 것, 내가 감내할 한도 내의 정점에 달하는 고가의 물건. 그 최고에 걸맞은 내가 되고 싶은 마음을 누가 속물 심성이라 힐난할 것인가요? 아무리 땀을 흘려도 채우기에 모자란 공백, 그걸 채우고 싶은 욕망. 좋은 갓을 쓰고자 하는 마음은 한마디로, 부적을 붙이는 마음입니다.

거듭 고백하자면, 무리에 무리를 거듭해가며 박쥐 갓에 백 갓에 비싼 물품을 쓰고자 하는 마음 그건 ...... '의지'하고 싶은 마음입니다. 소심해서 자신 없는 마음을 그 아름다운 물건들이 덮어 주길 바라서입니다. 감추고 싶은, 아무도 몰랐으면 하는 숨겨둔 마음을 위로하고 싶은 거지요.

나를 키워준 건 내 안의 콤플렉스(complex)입니다. 내가 왜 이러는지 몰라, 하는 그 콤플렉스한 콤플렉스. 압니다, 전혀 콤플렉스하지 않습니다, 명확합니다. 정확하게 인식되는 나의 부족함을 나는 분명히 알고 있습니다. 한 발 나갈 때마다 양파껍질 까이듯이 계속 만나게 되는 나의, 열·등·감. 그걸 한 방에 만회할 길은 없을까, 매번 노심초사합니다. 언제나 한번 "내 이 기상을 보아라!" 하며 자신만만하게 무대에 오를까? 언제쯤 한번 만족스러운 무대를 뒤로하고 시원하고 우아하게 분장실로 향할 수 있을까? ...... 알고 있습니다. 그런 순간이 내게는 아마도 오지 않을 겁니다.

옛말에 실력 없는 목수 연장 탓한다고, 아무것 없이도 춤 한 자락 쫘~악 내놓으면 찌렁 하니 마음에 감동이 훅 들어차야 하건만 .... 내겐 그날이 언제일지 도무지 기약이 없습니다. 대신 오늘도 최고의 치장으로 훅 들어찰 감동을 대신하려 꾀를 냅니다. 옷을 지어주는 아내가 "투 머치, 투 머치"하면서 비아냥거려도, 그녀에게 들리지 않게 '피~' 한마디 던지고는 돌아섭니다. 그리곤 주섬주섬 오른손에 매미 반지, 왼손엔 두꺼비 반지를 끼고서 무대로 향합니다.

갓에 앉은 학과 박쥐가, 두 손가락의 매미와 두꺼비가, 영물로 살아나 내 몸을 감쌉니다. 등줄기가 쫙 펴지며 턱이 살짝 올라갑니다. 준비 끝.

젊은 나무

　서울 중구와 용산구에 걸쳐 위치한 남산자락 산책로는 잘 꾸며진 공원입니다. 길 대부분에는 아스팔트가 깔려 있어 정상 가까이 걸으면서도 편하게 다닐 수 있습니다. 길이 고르니 나이 드신 분들이나 몸이 편치 않은 분들도 쉽게 즐길 수 있어 참 좋습니다. 길도 좋지만, 남산의 장점은 뭐니 해도 다양한 수목의 향연이 펼쳐진다는 데 있습니다. 도심 한가운데 있지만, 소나무 벚나무를 비롯해 다양한 식물군이 계절마다 색을 다르게 입습니다. 그래서 걸어보면 산을 오른다는 생각보다는 숲길을 걷는다는 느낌을 받습니다.

　남산 아래 동네로 처음 이사 왔을 때니 벌써 십여 년 전으로 기억합니다. 아직 날이 추운 새봄 한낮이었습니다. 산책길에 나섰습니다. 겹쳐진 앙상한 갈색 가지들이 풍기는 쓸쓸함이 좋았습니다. 그 가운데 드문드문 새싹이 막 돋아나고 있었습니다. 새잎들은 파릇파릇했습니다. 잎이 발산하는 새것의 윤기는 어김없이 어여뻤습니다. 그런데 이상하게도 해마다 보는 파릇함이건만, 그날의 새순들은 마치 처음 보는 것인 양 눈에 설었습니다. 순간 당황했습니다. 그리곤 이내 우울해졌습니다. 새잎과 나와의 거리를 그제야 눈치챘던 겁니다. '아, 이제 내게서 새순의 파릇함은 멀어지는구나.' 아직도 그 순간이 생생한 걸 보면 충격이 꽤 컸던가 봅니다. 이제는 또 시간이 흘러, 아둔하고 당황했던 그때의 기억도 다만 추억으로 떠올리며, 매번 나무로부터 젊음을 배우고 있습니다.

　남산 산책길에 자주 만나는 사백여 년을 살아온 오래된 나무가 있습니다. 한창 물이 오른 여름날, 가지 가득 녹색 잎을 안고 선 모습이 얼마나 든든한지, 마주하고 서면 꼿꼿한 어르신을 뵙는 듯도 합니다. 나무는 겨울에 바짝 말랐다가 봄이 되면 새잎을 피워냅니다. 꼭 어린 동생 손바닥같이 보들보들한 연둣빛 새싹이 세상을 향해 기지개를 켜듯 빛을 뿜어냅니다. 그리고 얼마 안 가 짙은 초록으로 무성해져 왕성한 힘을 하늘로 뻗어댑니다. 이때가 되면 장성한 청년의 덥수룩한 수염처럼 녹음이 빡빡해집니다. 매년 여름마다 반복되는 이 과정을 보면, 꼭 다시 젊어지는 나무를 보는 듯합니다. 나무는 매년 젊음을 반복하며 그렇게 오래된 나무로 삽니다. 유독 그 나무를 보고 돌아설 때마다 자문합니다. 매년 거친 가지를 뚫고 새로움으로 돋아나는 잎들은, 그 이전 낙엽의 과거를 알고 있는 걸까? 자신의 젊음이 매번 반복되고 있다는 것을 알고는 있는 걸까?

남산 정상에 서면, 저 멀리 한강의 길게 뻗은 줄기가 가느다랗게 반짝입니다. 선선한 바람에 땀을 닦으며 강을 바라보면서 웅얼거립니다. '저 강은 한순간도 멈추지 않고 흐르기에 반짝임을 유지하지. 강물은 언제부터 저렇듯 무심한 푸른 반짝임을 가지고 있었을까. 어떻게 저리도 멈춘 듯 힘을 쭉 빼고서 흐르는 법을 알았을까. 매 순간 다름으로 이루어졌으련만 어쩌면 저리도 한결같을까.'

갖고 싶습니다. 오래된 나무와 강의 유연함을, 한결같음을, 무심함을 그리고 푸르른 반짝임을 말입니다.

우리춤, 그중 전통춤은 나이가 많습니다. 어떤 건 백 살 남짓, 오백 살이 넘는 것도 여럿입니다. 처용무는 천여 년 전 이야기 아니던가요? 춤 시작도 멀거니와, 현장에서 춤을 추었던 우리 스승들도 나이가 많습니다. 그러니 그 깊이가 얼만 하겠습니까? 웬만해서는 헤아리기도 어려울 지경입니다.

한참 춤에 몰두할 때, 오래된 춤을 젊은 몸으로 어찌 받고 풀어내야 할 지 궁리 되었습니다. 전통춤이 나이를 많이 먹었으니 남겨진 춤에 노쇠함이 깃들어 있을 거라, 생각했기 때문이지요.

스승들은, 춤을 푹 삭혀야 깊은 맛이 난다고 강조하셨습니다. 반면, 넌 아직 어려 이런 맛을 내기 이르니 기다리라고도 하셨습니다. 왕성하기만 하고 익지 않아 거무충충한 욕심을 눌러 주신 겁니다. 그러나 익지 않았다는 게 무언가요? 뭘 모르는 단계지요. 그러니 의욕만 앞서 하는 일마다 잘못투성이일 수밖에요. 굽은 스승의 등을 그대로 따라 그렸습니다. 그게 멋이라 생각했습니다. 그때의 나는 선생 말씀 그 이면을 살피지 못하고 문장으로 받는 어리석은 학생이었습니다. 단순히 구부러짐이 멋인 줄 알고 복사하려 노력했고, 내 재주에 흡족했었습니다. 이제 와 돌아보니 그때는 어렸습니다. 그게 불과 얼마 전의 일이건만, 조금의 시간이 지난 지금, 안도의 한숨을 내쉽니다. 땀 흘리며 몰두히는 그 어린 마음이 안쓰럽고, 어린 생각 그대로 멈추었으면 어쩔뻔했나 아찔하기도 합니다.

우리춤에도 새롭게 돋아나는 새싹 같은, 흐르는 강물 같은 젊음이 매번 있습니다. 팔십 노구를 이끌고 무대에서 한 자락 추는 명무의 마음에 늙은이가 들어 앉아있다고는 생각지 않습니다. 분명 그의 마음 한가운데에는 생애 가장 아름답고 반짝였던 시절, 빡빡하게 잎을 피워내던 그 시절을 담고자 하는 마음이 있습니다. 거울 앞에서 입술연지를 정성껏 찍고 머릿기름을 곱게 바르는 모습에서 그 시절의 젊은 눈빛이 읽힙니다. 그가 펴내지 못하는 굽은 허리와 손가락 끝은 그의 의도가 아닙니다. 굽은 허리를 펴려 짧은 박자 사이에 몸을 늘이는 안간힘에서, 저 멀리 밀어내는 떨리는 손가락 끝에서, 젊음이 반짝입니다. 그의 안간힘과 떨림의 마음에서 젊음을 배웁니다.

스승은 푹 삭혀야 깊은 맛이 난다고 하셨습니다. 그리고 이어, 익기 전에 물러지면 안 된다고도 경고하셨습니다. 잘 두어야 썩지 않으면서 푹 삭혀지고, 잘 보살펴야 물러지지 않고 맛있게 익습니다. 젊음, 매일 돌아볼 일입니다.

바느질 QR-04

아마도 이 시대 우리춤과 관련된 사람 대부분이 영향받았을 스승으로, 고(故) 우봉 이매방 선생을 꼽을 수 있을 것입니다. 생전 선생 자택엔 '마음이 고와야 춤이 곱다'라는 글귀가 걸려있어, 춤 학습을 위해 방문한 제자들 눈과 마음에 격언으로 박혔습니다. 사실 이 글은 제자뿐 아니라 선생 자신에게 이르는 격언이었습니다. 스승은 제자들에게 일갈(一喝)하시기를, 마음이 곧 춤이니 고운 마음을 잊지 말아야 한다고 자주 일렀습니다. 아마도 지키고자 귀하게 여기기에 신념을 글로 써 벽에 붙여 놓았던 겁니다. 고운 마음을 향한 그의 성품은, 정확한 걸 좋아하서 고집스러워 보이기도 했지만, 베푸는 걸 좋아하는 그의 행동으로 나타났습니다. 생활을 통해 보여주었던 선생의 가르침은 나의 마음에 '정(情)'이라는 단어로 자리매김했습니다.

바느질을 좋아했던 스승은 가끔 바느질 관련 심부름을 시키셨습니다. "여기서 쩌어기까지 이 시침핀을 오센티 간격으로, 딱 오센치다이, 정확허니 꽂아라이." 신이 나서 핀을 꽂으면, 금세 드르륵 미싱질 한 번에 다시 빼라십니다. 내 보기에 바늘 두세 개만 꽂으면 되련만 왜 이 작업이 필요한지 몰랐습니다. "이렇게 해야 올이 바르게 박히고, 그래야 틀어지지 않고 오래 가." 스승과의 이런 경험은 시간이 지나, 춤을 추며 발디딤에 몰두할 때면, 그대로 살아났습니다. 비디딤에, 겹디딤에, 잉어걸이, 까치체로 다채롭게 디딜 때면, 바늘을 꽂았던 촘촘함이 세밀함으로 와 닿았던 겁니다.

이처럼 나의 경험을 바탕으로 생각해보자면, 선생의 가르침은 춤 학습에만 국한되지 않았습니다. 오히려 그 외에 일상을 사는 방식, 생각하는 방식, 작업하는 방식 등을 알려 주려 노력했습니다. 그는 일상생활이 결국 춤으로 귀결됨을 알았던 겁니다. 그래서 일의 '과정'을 중시하는 삶의 태도를 알려 주는 데 더 많은 시간을 소요했던 거지요. 앞서 말한 바느질에 관한 일화 이외에도 톱질이나 가구를 수리할 때 또는 창고를 정리할 때를 떠올리면, 매번 하나하나 꼼꼼하고 차근차근 진행하는 방식을 배우는 과정이었다는 걸 느끼게 됩니다. 당시에는 스스로 연습이 부족하다고 생각해 수업 외 시간에는 연습실에서 보내려 애썼는데, 지금 생각해보니 스승 곁에 좀 더 머물렀더라면 하는 후회가 듭니다. 지나고 보니, 춤은 뻑적지근하게 드러난 결과가 아니라 과정일 뿐이라는 것을 알려 주시려 했음을, 이제야 알기 때문입니다.

스승은 갔지만 춤과 말과 글귀는 남아있으니 그가 남긴 틀을 부여잡고 안에 무언가를 채워 넣으려 노력하는 수밖에 없습니다. 매년 한 해씩을 더 보내면서, 삶의 잠시를 함께 한 스승의 말씀이 새록새록 새로워지니, 그나마 다행이라 여기며 가슴을 쓸어내립니다.

스승은 위대합니다. 우리춤으로 어려운 시절을 멋들어지게 살다간 스승들을 기억하며 진솔한 가르침을 되뇌입니다. 이제는 세상을 등졌지만, 김천흥, 이매방, 한영숙, 최현, 강선영, 송범 등은 우리춤과 관련해 알아 두면 좋을 존함입니다.

분장과 쫑파티

　분장하는 시간은 얼굴의 가면을 바꾸는 때입니다. 내게 분장은 그저 곱게 화장하는 것이 아니라, 하나의 신성한 절차입니다. 그래서 나는 분장을 정성껏 그리고 오래 하는 편입니다. 그 시간 동안 얼굴뿐 아니라 마음 자세 또한 바꾸기 때문이지요. 몸과 마음 모두에서 내가 아는 가장 멋진 나를 그려냅니다. 그래서 전문가에게 분장을 받을 때도 웬만하면 중간중간 거울로 점검하며 내적인 변화를 추구하곤 합니다.

　각 류파 별로 춤을 추는 무용가가 한 무대에서 공연할 때였습니다. 분장실에서 만난 무용가 한 분께서, 자신은 "그대로 보여주고 싶으니 분장을 되도록 가볍게 한다."라고 말씀하셨습니다. 얘길 듣고 보니, 그런 게 있을까 싶었습니다. 자기 자신을 그대로 보여주고자 하는 마음이 의심되었던 것이 아닙니다. 나에게, 남에게 보여도 좋을 '자기 자신 그대로'라는 것이 있는지 돌아보았습니다. 그 어떤 것을 자기 자신이라 해야 할까요? 그분은 아마도, 좀 더 자연스러운 모습을 말씀하시는 듯합니다. 그걸 남에게 보이겠다니, 나에게는 없는 자신감과 용기가 내난하다고 생각되었습니다.

　티브이 화면에는 의사 선생님이 친절한 얼굴로 설명 중입니다. 내용을 들어보니 푹 쉬어야 건강에 좋다는 삼척동자도 알만한 얘기입니다. 하지만 서적이 그득한 책장 앞에서 미간을 살짝 찌푸려 집중하는 하얀 가운 입은 그의 지적 풍모는, 전문의학서 한 권을 읽어내는 것과 같은 효력을 보입니다. 그래서 바닥에 팔베개하고 누운 난 고개를 끄덕이며 다짐을 합니다. '아, 그래. 휴식이 필요하지. 확실히 좀 쉬어야겠어!'

경찰복의 빳빳한 깃, 신부복의 하얀 카라, 수녀복의 회색 베일, 스님의 풍성한 법복, 파일럿의 각진 모자, 구급대원의 안전모 턱 끈, 작가의 낡은 베레모.

유니폼, 제복과 거기 어울리는 배경. 그 모든 것이 모여 인물을 만듭니다. 얼굴이나 신분증 무엇 하나만이 그를 말하진 않습니다. 특히 짧은 시간 정보를 전달해야 할 때는 인물을 만드는 배경 이미지가 좀 더 극대화됩니다. 극대화된 이미지는 '권위'를 한층 공고히 합니다. 이렇듯 권위는 부재한 것을 꾸며 말하거나 거짓을 꾸미는 것이 아닙니다. 보이고자 하는 사람을 위한 것 또한 아닙니다. 제대로 된 권위는 보고 듣는 이를 위해 확대하고 선명하게 한 이미지입니다.

무대에 서는 사람은 의상을 입고 분장을 하면서 권위를 입습니다. 그저 허연 분을 하나 바른다고 해도, 혹은 아무것도 바르지 않는다고 해도, 그건 내가 아닌 타자 앞에 서는 마음자리에 의한 것입니다. 그들을 위한 나를 만들어 세웁니다. 무대의 모든 것은 의도된 것입니다. 무대 위 나는 의도된 나이고, 그 의도로 인해 완전하게 꾸려진 내가 섭니다. 그리고 좀 더 쉽게 관객이 예술에 닿도록 돕습니다. 관객을 도와 이끌고 이로써 객석에 믿음을 줍니다.

분장은 이처럼 권위이기에 긴장입니다. 쉼을 위한 시간에는 어울리지 않습니다. 자신을 쉬지 못하게 합니다. 무대에선 최대의 긴장으로 인해 터지기 직전의 풍선같이 위태하게 얇은 감정선을 갖습니다. 견딜 수 있는 시간의 한계가 있습니다. 커피 등 카페인이 잔뜩 든 음료를 들이켜서 기운을 최대한 끌어올려 매 순간을 산다고 생각해보십시오. 아우, 못해낼 일입니다.

　공연을 마치면, 나름의 작은 파티를 합니다. 일명 쫑파티입니다. 이 시간을 통해 무대 위 나를 지우고 가장 편하게 바닥으로 낮추어 거듭납니다. 한 번의 공연, 그 찰나에 불어닥친 폭풍같은 시간이 지나고 나면, 땀에 절은 의상과 너저분해진 소품만이 남습니다. 어수선한 그 장면을 보고 있자면 허무합니다. 이것저것이 마구 섞인 복잡한 심경이 장면에 씌워집니다. 하지만 정리되지 않은 짐을 뒤로하고 터덜터덜 샤워실로 향합니다. 정성스럽게 분장을 지우고 물로 씻으면서 나를 가장 편한 상태로 만듭니다. 얼굴의 두꺼운 분장은 기름이 되고, 거품이 되고, 물이 되어 씻겨 나갑니다. 그사이 탄탄했던 긴장도, 무대를 마친 직후부터 줄곧 마음을 불편하게 했던 후회도, 흘려보냅니다. 하지만 불멸할 것 같던 긴장이 샤워 한번, 이후 들이켜는 맥주 한 캔이나 와인 힌 잔으로 해결되지는 않습니다. 진종일 시달린 몸은 여기저기 쑤시고, 발은 뜨거운 모래주머니에 담긴 것처럼 후끈거립니다. 쉬고자 하는 의도와 달리 머리는 계속 돌아갑니다. 종일 마셨던 과도한 카페인이 남아 한몫하는 겁니다. 그래서 공연 중간 불편했던 순간들이 사진처럼 찍혀서 뇌리에 계속 소환됩니다. 흔들어 지우지만 다시 떠오릅니다. 하지만 이것도 금세입니다. 피곤이 겹치며 긴장의 맥이 풀립니다. 이내 맥을 놓은 순간, 입이 앞으로 쭈욱 내밀립니다.

생각해봅니다. 모든 가면을 내려놓은 원초적 내 얼굴은, 아마 입을 늘어지게 내민 얼빠진 모습이 아닐까 싶습니다. 나는 멋짐을 벗은 그 시간, 어디 내놓을 수는 없지만, 나만이 아는 얼빠진 모습을 그다지 싫어하지 않습니다. 아니 그 무엇보다 좋아하는지도 모르겠습니다.

'수고했어, 오늘도.'

앤디 그리고 현수와 지혜

　앤디는 캐나다에 사는 한국인 3세입니다. 캐나다에 살지만, 한국인으로서의 뿌리를 잊지 않으려고 노력합니다. 아마 살아오면서 자연스레 친구들 사이에서 다름을 느꼈고 이를 귀하게 생각했던 것 같습니다. 김밥이나 비빔밥을 즐겨 먹고 음악저장목록엔 한국 가수 노래가 여러 곡입니다. 그가 한국 여행을 준비 중입니다. 홍콩지사로의 출장 사이, 잠시 한국에 들를 예정입니다. 서울에 가기 전 친구 현수와 통화했습니다. 마침 추석 즈음이니 전통공연을 보러 가잡니다. "Oh, traditional performance! It's good idea!"

　현수는 요즘 만나는 지혜 씨와의 데이트 약속이 매번 기대됩니다. 그녀를 만날 때면 새로운 이벤트를 함께하기 때문인데, 이게 사뭇 기다려집니다. 오늘 데이트에는 캐나다 친구 앤디가 함께 하기로 했습니다. 캐나다 어학연수 때 만나 친구가 된 앤디는 한국계이지만, 인사 정도 외엔 한국어를 모를뿐더러, 한국문화에 대해서는 아는 것이 선혀 없습니다. 그의 한국문화체험을 돕기도 할 겸 전통 공연을 예매했습니다. 이왕 보는 거 아주 진하게 보자는 마음으로 춤을 골라봤습니다. 전통춤이야 전혀 모르는 세상이지만,

　"내가 누군가. 한민족의 후예로 대한민국의 건아 아니던가! 나는야 자랑스러운 단군 할아버지의 자손이며 오 천년 역사를 이어온 DNA의 소산이다. 그러니 춤을 딱 보는 순간 훅하고 감동이 밀려올 거야, 암. 앤디에게

전통춤의 진면목(眞面目)을 아주 소상하게 설명해 줘야지. 아마 지혜 씨가 날 좀 더 근사하게 생각해 주겠지."
What's the matter? 뭐가 문제겠습니까!

'공연 전에 먹은 간식이 과했나?' 막상 공연을 보자니 눈두덩이 무거워집니다. '정신을 차리자! …… 아, 그런데 도대체 참지 못하겠어, 눈꺼풀을 누르는 저 느린 음악과 동작들. 이게 아닌데, 내가 왜 이러지? …… 아니 아니야. 이건 내 잘못이 아니야. 종목을 잘못 고른 건가? 분명 공연이 잘못된 게 확실해! 아, 그런데 이 우렁찬 박수 소리는 또 뭐야? ……'
당황과 실망이 겹쳐 무거워진 몸을 이끌고 극장을 나오는 걸음이 처집니다. 친구 둘도 그다지 깊은 이해를 한 것 같진 않습니다. 새롭다는 얘기만을 서로 나누고 있습니다. '그래, 나도 새롭다.' …… 현수가 속마음을 감추며 서둘러 너스레를 떱니다. "아, 잘 봤다. 밥은 내가 살게."

현수네 일행이 전통춤 공연에서 마음속 깊은 감동을 얻지 못한 것은 왜일까요? 도대체 무엇이 문제였던 걸까요? K-Culture에 매료되어, '너희 문화만의 매력을 얘기해 달라'며 눈을 반짝이는 친구에게 과연 뭐라고 하면 좋을까요? 즉답을 내진 못하지만, 전통에서 답을 찾으면 좋겠다는 의견은 자신 있게 내놓을 수 있습니다. 그런데 전통춤을 처음 대하는 이들 대부분이 현수, 지혜 그리고 앤디와 비슷할 거란 사실이 좀 걸립니다. 뭘 좀 …… 모르죠.
'우리'는 예전 전통사회와 다르게 삽니다. 청바지에 셔츠를 입고 운동화를 즐겨 신습니다. 거리엔 팝이 흐르고, 양력에 따라 스케줄을 메모하며 일 년을 보냅니다. 반면, 전통춤은 옛 옷을 입고 옛 음악에 맞추어 옛 사고와 정서를 표현합니다. 예스럽지 않은 것은 몸뿐입니다. 현재는 이전 전통사회와 많은 부분이 바뀌어 있습니다. 그런데도 우리는 그저 '후예'라는 명분만으로 모든 걸 이해할 수 있다고 생각합니다. 옛 멋과 흥을 즉감하는 데 거리낌 따윈 없다고 판단하지요. 궁금해하지 않고 물어보지도 않지만, 의심 없이 당연히 알고 있다고 여깁니다. 그러다 '진짜'를 만나면, 그저 재미없다 일축해 버리고 맙니다. 관심은 'switch off', 그뿐입니다.

누가 좋아지면 제일 먼저 바라게 되는 것은 상대의 관심입니다. 언제쯤 내 이름을 불러 주지는 않을까? 설마 내 이름을 알고는 있겠지? 노심초사 궁리에 궁리의 연속입니다. 불멸의 밤을 보내게 하는 사랑의 진통은 그 사람의 관심 하나로 씻은 듯 낫기도, 혹은 오히려 통증이 더 깊어져 쓰라려지기도 합니다. 전통이라는 이름으로 앞에 나서면 가장 절실한 것이 이런 '관심'입니다. 털어놓으니 짠합니다만, 사실이 그런데 어쩌겠습니까. 아무리 열심히 해도 무플(無ply), 이건 통곡을 부를 슬픈 일입니다.

동시에 한편에서는, 고정관념으로 전통문회를 꼼짝 못 하도록 꽁꽁 묶습니다. 한복에 양복 깃을 넣으면 전통을 벗어났다고 하고, 양복에 한복 깃을 갖다 대면 세련되다 합니다. 깃을 내리면 일본옷 같다고 하고, 깃을 올리면 중국옷 같답니다. 이런 아이러니는 생각보다 쉽게 그리고 자주 보게 됩니다. 그래도 이건 좀 낫습니다. 점입가경인 것은 이러든 저러든 관심이 없다는 거지요.

"다양한 문화의 수혜 안에서 우리춤이라니요? 안 궁금하거든요, 안 물어봤다고요. 오, 고리타분해. 강요하지 마요, 절대로!"

문화에 큰 관심 없는 누군가가 한 얘기냐고요? 아니요. 내 귀에 들리는 일부 문화 인사의 반응이랍니다.

편견

반복해서 보면 전에 보지 못했던 것을 느끼게 하는 영화가 있습니다. 의미를 되새김질하게 되는 장면이 있지요. 피터 위어 감독의 <트루먼쇼(The Truman Show)> 중 모든 것이 거짓이라는 사실을 털어놓는 장면이 있습니다. 트루먼과 깜짝 데이트로 호감이 생긴 실비아가 "이것은 다 너를 위해 만들어진 거야(This is all made for you)."라고 귀띔합니다. 내가 사는 세상이 '진짜'가 아니라니, 이게 대체 무슨 말이야! 눈앞이 캄캄해질 소리입니다.

'전통'을 놓고 생각해보겠습니다. 만일 누군가 네가 알고 있는 전통이 사실은 전통이 아니라고 한다면, 오래된 것이라 철석같이 믿었던 유물이 실상은 그리 오래된 것이 아니었다고 한다면, 어떨까요? 그것도 누군가가 일부러 의도한 거라면?

여기 전통이라는 것이 사실은 근래 만들어진 것이라는 주장이 있습니다. 에릭 홉스봄(Eric Hobsbawm)의 『만들어진 전통(The Invention of Tradition)』을 처음 읽었을 때, 눈이 뜨이는 듯했었습니다. 책은, 전통이 실상은 최근의 것이며 종종 발명된 것이라고, 주장했습니다. 모든 전통이 그런 것은 아닐 것입니다. 작가의 의도도 개중에는 우리가 미처 몰랐던 각색이 있다는 점을 밝히려고 한 것으로 알고 있습니다. 다만 우리가 전통을 대함에 있어 일종의 고정관념이나 편견을 갖는다는 것은 분명합니다. 평상시 갖던 의문에 합리적 이유를 제공해 주는 홉스봄의 견해를 만나고서 박수를 보냈던 기억이 납니다.

여기서 방점을 찍고자 하는 것은 '편견'입니다. 편견은 한쪽으로 치우친 견해를 말합니다. 한편으로 기운 판단은 대상을 분석적이지 않고 막연하게 생각하기 때문에 생깁니다. 편견은 결과적으로 오늘날 전통을 박제화하고 고립시킵니다. 우리춤에 관한 논의를 살펴보면, 일부에서 편견의 예를 볼 수 있습니다. 예를 들어, 민속예술은 무채색 옷을 중심으로 소박한 (화려하지 않은) 분위기가 큰 몫을 해야 한다고 합니다. 또한 궁중예술은 정중함을 중심으로 하며 사고 중심이어야 한다고 생각합니다. 그리고 이 둘은 이분적이기에 전혀 다른 특성을 가졌다고 단정합니다. 그러나 사실이 이렇지 않다는 것은 조금만 고개를 돌리면 금세 알게 됩니다. 귀엽고 알록달록한 색동을 비롯해 옛 결혼 복식 등 행사 의복의 화려함을 우리는 알고 있습니다. 그러나 낡게 바랜 흑백사진에 남겨진 모습은 화려함과는 거리가 멉니다. 궁중춤 기록은 생각했던 것보다 다양한 주제를 함유합니다. 하지만 궁중춤에 관한 논의들은 과거의 주된 이념과 연결하고자 하는 시선에만 머뭅니다. 궁중에 민간 예술가 중 으뜸인 이들이 들어가 예술 행위를 했다는 사실은, 궁중 예술의 독자적 형태를(민간과는 괴리된) 강조하는 주장에 고개를 갸웃하게 합니다. 이처럼 실제는 다양한 면이 존재하는데도, 편견은 그저 그럴 것이라는 단견(短見)으로 많은 걸 가려 버립니다. 그래서 민속춤을 칙칙한 색감 안에 가두고, 정재는 수수께끼 낱말풀이 하듯 난해한 것으로 만들어 버립니다.

이런 생각들은, 일제강점기와 전쟁이라는 힘든 시기를 지나고, 민족정신을 고취하고자 급하게 전통을 재건하는 가운데 고착화한 인상이라 하겠습니다. 당시 전통을 재건함에 있어 여러 사회경제적인 이유가 맞물려

급격하게 이미지 형성을 도모하게 되었습니다. 그 과정에서 일부 특성들이 필요 이상으로 강조되고 고정되었습니다. 여기에 대학교육을 중심으로 펼쳐진 학과별, 전공별 분할학습과 연구가 한몫합니다. 각 세부 전공들은 각기 특성을 내세우며 차별만을 강조할 뿐, 서로의 연관성을 고려한 통합적 결과를 맺지 못하였습니다. 그리고 이러한 단절과 편견은 지금까지도 영향을 주고 있습니다.

자세히 보아야 감동적인 우리춤은 더불어 두루두루 보기도 해야 합니다. 이를 통해 편견 없이 꼬깃꼬깃 숨은 아름다움을 끄집어내면 좋겠습니다. 그렇게만 된다면, 금상첨화가 이 아니겠습니까?

우리, 나 QR-05

요즘 전통예술계에 '예술 소유'라는 논제가 화제입니다. 하지만, 화제인 건 분명한데 논의의 장은 없이, 각기 목소리만 큽니다. 모여 허심탄회하게 얘기를 나누지 못하니 각기 주장은 무주공산을 떠도는 실정입니다. 나는 나름 냉정하게 '보존'의 편에서도 보고, '소유'의 입장에도 서 보았습니다. 아무리 생각해도, 예술 소유에 앞서 우리 여건에서 선결해야 할 개념이 있어 보입니다. 여기서 말하고자 하는 바는 '류(流)'와 '문화재 보호 정책'입니다.

전통예술 소유에 관해 말하자면 앞서, 그 창작과정을 먼저 살피는 것이 순서일 것입니다. 우선 동양의 새로움에는 '전승'이 다분히 개입되었다는 점부터 살펴보겠습니다. 전승은 물려받는 것을 말합니다. '새로운 것'을 만드는데 그게 '전승' 안에 있다? 이 이율배반적인 주장은 무슨 말일까요? 동양화가 가득 걸린 방을 떠올려보겠습니다. 그림들은 언뜻 비슷해 보입니다. 각기 그림들은 그려진 시차가 길어도 그림들을 이어주는 개체성이 명확해 보입니다. 이에 관해 토머스 먼로는, 동양 그림들에 전통적 태도의 본질적인 방식이 있다고 딱 잘라 말했습니다. 동양화는 원래 그래 왔고 앞으로도 그럴 거라는 겁니다. '그래 왔던' 방식은 사혁(謝赫)의 화육법(畵六法)으로 정리됩니다. 화육법은 일종의 그림 그리기 기준입니다. 기운생동(氣韻生動), 골법용필(骨法用筆), 응물상형(應物象形), 수류부채(隨類賦彩), 경영위치(經營位置), 전이모사(轉移模寫) 등을 말합니다. 이 여섯 가지 특징이 잘 드러나는 그림이 좋은 그림이라는 평을 받습니다. 이 같은 토머스 먼로와 사혁의 말에서 건져 올릴 것은 '동양의 새로움이란 전통적 방식 안에 있다'는 점입니다.

이러한 전승 안의 새로움을 우리 전통예술에서는 '류'를 통한 전승에서 볼 수 있습니다. 전통음악에는 예술가의 특정 양식을 나눌 때 '바디' 혹은 '바두', '제(制)', '류(流)' 등의 용어를 사용합니다. 예를 들어 송만갑 바디 <흥보가>, 동초제 <춘향가>, 강태홍류 <가야금산조> 등으로 부르는 것입니다. 춤에는 바디나 제는 잘 사용하지 않고 다만 류를 많이 써서 이동안류, 한영숙류 등으로 사용합니다. '류'는 예술가 개인의 독창성이 드러난 완성된 양식입니다. 한 예술가가 자신에게 가장 큰 영향력을 발휘한 스승의 예술을 이어받습니다. 그 예술을 중심에 놓고 다양한 학습을 통합해서, 자신만의 독창적인 스타일을 형성해 내놓습니다. 빠밤! 드디어 '류'로 인정받게 됩니다.

이렇듯 전통예술은 새로움을 만드는 데 있어 선대 양식을 깨고 무언가 새로운 것을 놓으려 하지 않습니다. 전통예술가는 다만, 자신의 예술이 하나의 '류'로 인정받는 것을 최고 영예로 생각합니다. 이어받은 예술을 갈고 닦아 한 발 나아가는 걸 큰 완성으로 보는 겁니다. 그걸 가능하게 하는 것은 '류'의 영역에 '인정(認定)'이라는 미덕이 있다는 점입니다. 자신(타인)의 류를 인정하는 건, 스승의 양식 안에 있다는 점을 확인함과 동시에, 탄생한 새로운 예술특징을 대상화하여 자신(타인)에게 예속됨을 선언하는 것입니다.

다음으로 나누고자 하는 얘기는, 전통예술이 '문화재보호법'과 함께 오늘에 이르렀다는 점입니다. 문화재보호법의 제정연도가 1962년이니 이제 60년을 향해갑니다. 제도 안에서 지정된 '예능보유자'는 또 달리 통용되는 용어인 '인간문화재'로서의 역할을 충실히 수행했습니다. 그들은 이 과정에서 후대에게 전통춤을 전승하는 힘든 일을 이뤄냈습니다. 하지만 그 업적을 개인만의 것이라 할 수는 없습니다. 국가와 각 지자체에서는 지속적인 활동을 지원하였기 때문입니다. 더불어 예술 명맥을 잇고 전승, 발전시키기 위해 많은 이들이 함께 노력해 왔습니다. 우리 전통문화 보호책이 이와 같았기에 지금껏 전통은 분명, '우리'의 영역에 있었습니다. 그러니 우리가 처한 문화지형에서 전통 안에서의 창작을 개인 소양의 산물이라고만 단순하게 볼 수만은 없지 않겠습니까?

이전까지 전통춤은 '우리의 영역'에서 별문제 없이 행해져 왔습니다. 그런데 근래 전통예술계에 '저작권'이라는 개념이 등장했습니다. 저작권은 '우리' 영역에 있던 전통예술계에 등장해서 '나'를 주장하며 영역을 넓히고자 합니다. '저작'은 새로 짓는 것을 말합니다. 그렇다면 저작은 '달라'야 합니다. 다르다는 의미는 선대를 없애고 거기에 자기를 세우는 행동입니다. 그 용감한 행동은 분명 가치 있는 일입니다. 누군가는 해야 할 일이기도 하고요. 다만, 저작이 가능하려면, 선대로부터의 유산을 벗은 후 새로이 출발선에 서야 합니다. 익히 알고 있는 전통 장단, 선율, 몸짓이 만들어 놓은 기존 질서, 이미 완료된 양식 안에서 저작 권리를 찾는다는 것은 아무리 생각해도 어불성설입니다. 적어도 문화재 1세대들의 예술을 분해

하고 서로의 것을 조립해 내는 수고로움쯤은 겪어낸 후 새로움의 인정을 주장해야 하지 않을까요?

전통양식 안에서의 무분별해 보이는 저작권 주장과 인정은 새로운 문제를 양산합니다. 앞서 언급한 '류'의 탄생을 막는 것입니다. 이것은 전통 안에서의 발전을 저해하는 행위와 다를 바 없습니다. 선대로부터 온 전통방식 안에서의 발전을 막아 변종만을 양산하는 결과로 이어질 우려가 큽니다.

'나'는 중요합니다. 그렇지만 '나는 우리 안에 있다'는 운명을 벗어나는 건 불가능합니다. 특히 우리 전통예술이 속한 문화지형이 그렇습니다. 전통 안에서 나만을 주장하는 외침, 다시 생각해 볼 일입니다. '우리' 춤에서 새로운 '류'는 계속 나와야 합니다. 매일 새로운 전통이 이어지는 무대, 기대됩니다.

'우리'와 '우리춤' 사이의 골은 생각보다 넓고 깊습니다. 혼자 생각하기에, 과연 이 간격을 건널 수는 있을까 싶습니다. '우리춤'은 '우리' 춤인데 실상 우리 춤이 아닙니다. 오랜만에 집 정리를 하려 책장을 열며 "어, 이게 여기 있었네?"하고 들었다가 이내 제자리에 놓고 마는 오래전 앨범 같다고 할까요? 초등학교 입학식, 소풍, 운동회 때, 어색하게 웃으며 찍은 가족들 모습. 촌스럽지만 눈물이 핑 도는 순간이 가득 든 앨범 말입니다. 사진 속의 기록은 현재 나를 세우는 그림자가 분명하건만, 앞만을 향한 바쁨엔 거추장스러운 기억의 한 조각일 뿐입니다. 이와 같으니, 춤을 감상하거나 공연하는 이 모두, 우리춤을 공감대 안에서 즐기는 예술이라기보다 특이성을 중심에 둔 하나의 오래된 아이템으로 대하는 데 머무는 것 같습니다.

앨범 안 사진을 멋지게 살려내고 싶은 마음이라고 하면 적절한 의도 표현이 될까 싶습니다. 근사한 액자에 넣거나, 다양한 미술용품으로 그려 내거나, 멋지게 영상작업을 하거나, 여러 수를 써서 이 시간에 살려내고 싶은 마음입니다. 이런 의도가 무언기로 화하여 금세 우리네 삶에 도움을 주거나 앞길을 열어주진 못할 겁니다. 하지만 오랜 시간이 지나, 그때 이것이 있어서 참말 다행이다 싶은 것들이 있지요. 그런 순간을 위해, 자신은 각광 받지 못한다고 해도 누군가는 꼭 해야만 하는 그런 일이 있습니다. 그래서 이렇게 열을 내어보았습니다.

이제까지 어르고 달래고 떼쓰고, 때로는 아양도 서슴지 않을 의지로 써 내려간 장황설이었습니다.

이쯤이면 본격적으로 우리춤 수다를 나눌 준비는 마쳤다고 봅니다. 이제 본격적인 수다를 준비합니다. '아니 아직 본론을 안 꺼냈단 말이야?'라고 생각하실 수도 있겠습니다. 하지만 아무리 긴 통화를 해도 "어, 자세한 얘기는 만나서 하자."가 수다쟁이들 간의 인사 아니겠습니까? 아직 정말 하고 싶은 얘기를 못 꺼냈거든요. 앞으로의 수다, 기대됩니다. 자, 이리 가까이 오세요. 머리를 맞대야 수다의 제맛이 나지요.

 QR-01 <살풀이춤>

 QR-02 <민살풀이춤>

 QR-03 <흥연지유>

 QR-04 이매방 인터뷰

 QR-05 <태평무>

수다 2

우리춤 설명서

아름다운 진짜 멋 … 81

준비하고 쏘세요 … 83

꾹 누르고 훅 놓고 … 85

들이쉬고 내쉬고 … 88

작은 것 … 90

멈추었지만 멈춘 게 아니다 … 93

끝은 시작으로 … 97

밑동과 뿌리 … 99

지구를 돌려라 … 102

들창 … 105

맥 … 108

귀환 … 110

옷이 날개 … 113

물성 … 116

나의 전통 … 118

접속 … 122

음악 맞추기 … 125

청천하늘에 수심도 많다. … 128

일어나 … 132

마지막 잔치 … 135

훨훨 … 139

설명서. 아, 나는 이 단어를 그리 좋아하지 않습니다. 새 물건을 사서 상자를 열 때, 설명서를 발견하면 이내 도로 집어넣곤 합니다. 그저 여러 페이지에 걸쳐 빡빡하게 쓰인 글 더미로만 생각하니까요. IT의 영향일까요, 요즘엔 새로움을 대할 때면 직관적으로 알아채려 하지 설명서를 차근차근 읽어보진 않게 됩니다(긴 설명을 비하하는 설명충이란 무시무시한 단어도 있지 않습니까?).

상황이 이런데, 춤에 대한 설명서라니! 게다가 익히 알고 있지 않나요. 글로 배운 음식, 연애, 수영 모두 실패한다는 걸 말입니다. 그건 그냥 하는 얘기지, 실재가 아니라는 것을 실상을 통해 분명하게 알고 있습니다. 그런데도 여기 '우리춤 설명서'를 꺼낸 건 대체 왜일까요?

그게 어디였더라? 그곳은, 당시 직항이 없어 한 번 가려면 여러 번 비행기를 갈아타야만 했던, 남미 대륙의 아름다운 나라 에콰도르로 기억합니다. 천혜의 자연경관이 빼어난 곳이었습니다. 그 먼 타지는 특별했던 환대의 경험이 인상적으로 남아, 지금도 '남미'라는 단어라도 듣자면, 그때를 생각하며 웃음 짓곤 합니다. 초대해 준 분들은 저녁 식사에 한국 음식을 이것저것 선보였습니다. 그중 김치가 가장 생생합니다. 꼭 그림 같았습니다. 넓은 그릇에 담긴 음식은 윤기가 좌르르 흐르며 소복하게 쌓여서는 붉은색을 선명하게 발산했습니다. 접시에 옮겨 담을 때까진 몰랐습니다. 입에 넣는 순간 …… 독특하다, 싶었습니다. 케첩과 고춧가루, 식초로 만든 음식은, 김치라고 하기엔 너무 다른 맛이었습니다. 레진으로 만든 모형에 혀를 댔을 때 이물감이 이럴까 싶을 정도였으니까요. 당시엔 남미

와 교류가 그리 많지 않던 때였습니다. 아마 먼 곳에서 올 손님들을 위해, 한두 번 먹어본 음식을 사진 정도를 찾아보며 만들었으리라 생각됩니다. 음식을 마련해준 요리사에게 감사 인사를 드렸습니다. 지금도 그분들의 정성이 잊히지 않습니다.

 음식의 붉은색을 내거나 매운맛을 만드는 재료는 다양합니다. 시큼한 맛을 만드는 방법도 그렇습니다. 각자 자신만의 방식이 있죠. 이것이 낫다거나 저것이 좋다고 할 수는 없습니다. 다만 서로 자신만의 것으로 판단한다면, 결코 생각했던 맛을 얻지 못할 수도 있습니다.

 이렇듯 설명이 꼭 필요한 것이 있습니다. 이런 경우에는 조금의 대화를 통해 생각보다 훨씬 많은 걸 알게 되기도 합니다. 알고 있었던 듯 당연하게 여기지만 막상 대하면 거리가 있는 우리춤. 조금만 살펴보면 어느새 맛을 내는 자신을 보게 됩니다. 그게 그렇게 어렵지는 않습니다. 이해를 도모하기에는 글로도 충분합니다. 우리춤 영상이나 공연은 여기저기 많이 있습니다. 그런데 무턱대고 감상하고는 흥미를 잃을까 우려됩니다. 이 글이 작은 도움을 주었으면 합니다.

 우리춤은 거미줄 같습니다. 해가 막 떠오른 이른 아침, 수풀을 걷다 보면 잎새 사이에서 크고 작은 물방울이 수정같이 반짝이는 게 보입니다. 궁금증에 다가서 보면 이슬방울이 가는 거미줄로 인해 서로 연결되어 있습니다. 우리춤도 거미줄에 맺힌 이슬처럼 모양도 내용도 각기 반짝이지만 드러나지 않게 서로 이어져 있습니다. 글을 읽다 보면, 하나의 설명이 다음 설명과 연결되는 걸 느낄 거에요. 그러니 이점 염두에 두면 읽기에 더욱 수월할 겁니다.

　우리춤은 '우리' 안에서 발생한 모든 춤을 말합니다. 크게 두 가지 양태가 있습니다. 예부터 이어온 줄거리에서 발생해 뻗어 나온 춤이 있습니다. 그리고 그 줄거리를 향해 흡수됨을 시도하는 춤도 있습니다. 두 춤은 동시대에 존재하지만, 발생 지점이 다릅니다. 이 글에선 전자만을 대상으로 하고, 타지에서 발생했으나 우리를 지향해 만들어지는 발레, 현대무용 등은 고려대상에서 제외했습니다. 그래서 여기에서 얘기 나누고자 하는 건, 전통춤과 그 이하 발생한 새로운 춤입니다. 그러다 보니 우리춤 설명에 '전통춤' 특성이 많이 소개됩니다. 이점 유념하고 글을 보면 좋겠습니다.

　우리춤의 내면에는 알아보면 득이 될 요소가 요모조모 많습니다. 이제껏 살아가는 이야기를 담아내 왔기 때문입니다. 온 마음을 다해 이걸 알려 주고 싶습니다. 나는 살아가며 우리춤에서 도움받은 경우가 많았습니다. 그럴 때마다 깜짝 놀라 뒤로 자빠지는데, 당신도 그랬으면 좋겠습니다. 장담컨대, 분명 사는데 대입할 거리가 있을 겁니다.

아름다운 진짜 멋 QR-06, QR-07

'도대체 어느 지점에서 감동해야 하는 거야?' 맥주잔을 내려놓는 그녀의 반응이 시큰둥합니다. 발레공연을 좋아하는 동생을 우리나라 최고의 명무 공연에 초대했다가 들은 얘기입니다. 비단 동생에게서뿐 아니라 명무의 춤을 보곤 평소 생각과 달라 혼란스러웠다는 평을 듣곤 합니다. 완벽한 대칭을 이루며 쭉쭉 뻗는 화려한 동작을 기대했으나, 명무의 춤은 그게 아니라는 거죠. 그들의 춤은 오히려, 어딘가 어수룩한 듯 빈 것 같고 일그러져 보이는 순간이 많습니다. 전통춤을 잘 아는 이들은 춤에 살짝 틈이 내비칠 때 이것이 특유의 멋이라며 감탄을 내뱉곤 합니다. 그런데 이에 익숙하지 않은 입장에서는 도통 판단 기준을 세우기 어렵습니다. 그래서 평가 기준이 흔들리곤 합니다.

우리춤의 멋을 볼 수 있는 강력 추천 춤이 있습니다. 아쉽게도 지금은 그 춤을 직접 볼 수 없지만, 영상을 통해 감상 가능한 고(故) 하보경, 고(故) 김덕명 선생의 춤입니다. 먼 곳을 향한 시선은 무심한 듯 날이 무디고, 끄덕끄덕 조용한 움직임은 한순간 큰 덩어리가 되어 엎어집니다. 그 사이 빙긋이 웃어내는 미소라니, 멋집니다.

이렇듯 춤이 진행되는 가운데 언뜻언뜻 비치는 정신세계를 '멋'이라 합니다. 예부터 은은하게 우러나오는 내면의 멋을 '진 멋' 혹은 '속 멋'이라 칭해 높이 평가했습니다. 반면 저급하게 인위적으로 꾸민 태는 '겉 멋, 신 멋'이라 하여 격을 낮게 보았습니다. 한마디로 진 멋이란, 노련한 정신세계가 몸으로 우러나오는 정서 수준을 말합니다. 옛 그림에 등장하는 신선의, 빈듯하고 어수룩한 모습을 볼 때 느껴지는, 허술한 듯 단단한 느낌말입니다. 그렇다고 무조건 모자란 몸태를 보고서 멋있다 판단하는 것은 아니니, 진정한 고난도의 테크닉이 바로 이 멋을 갖추는 일입니다.

멋이란 서로 교감할 수 있는 공통분모를 전제해야 합니다. 서로 간에 '아는 것'이 공유되어야 하는 거지요. 멋진 것을 볼 때면 일반적으로 아름답다고들 많이 표현합니다. 이 '아름답다'는 '알다'에서 온 말입니다. 무언가를 알고 실천하는 것은 미로서 찬사받을 일인 겁니다. 나를, 그리고 남을 알아봐 주는 일, 이처럼 아름다운 일이 또 어디 있을까요. 아름다운 춤을 보고서 그 알음에 대해 찬사를 보냅니다. 당신의 우리춤에 대한 생각이 아름다워져, 서로 보며 추임새를 나눌 날을 기약해 봅니다.

준비하고 쏘세요

어릴 적 나도 모르게 끌려서 보게 되던 프로그램이 있었습니다. 기억에 남는 건 주로 레슬링, 주말의 명화, 복권추첨 등이었습니다. 복권추첨! 한때, 활쏘기로 주택복권 번호를 추첨한 적이 있었습니다. 매주 반복되던 프로그램이 참 인상적이었나 봅니다. 사회자 멘트가 아직도 뇌리에 선명합니다. "준비하고, 쏘~세요."

활쏘기를 생각해보면, 화살이 앞으로 나아가는 순간, 긴장이 빠집니다. 힘과 긴장이 잔뜩일 때는 정작 활을 쏘기 직전까지입니다. '준비하고'에 거의 모든 것이 달려있습니다. 우리춤 동작은 바로 이 활쏘기와 같은 방식을 사용합니다. 수건을 던지거나 장삼을 뿌릴 때, 몸을 위로 날릴 때 등, 큰 동작이 보이기 전에 한껏 움츠립니다. 어떻게 움츠리느냐에 따라 드러나는 동작이 나뉩니다. 따라서 정작 큰 움직임이 보일 때면 힘을 놓는 경우가 많습니다. 하지만 일반적으로 큰 동작마다 힘을 주는 경우가 많은데, 그러면 힘은 힘대로 들고 동작은 끊겨 이어지지 않습니다.

이런 우리춤 시작의 비밀, 절기(節氣)에서 찾아보겠습니다. 봄이라고 하기엔 이른 시기인 양력 2월 4일 또는 5일에(대략 음력 12월 말경) 입춘(立春)이라는 절기를 맞습니다. 이날은 봄이 왔음을 알리는 날이라는데, 어쩌면 매해 그리도 추운지 '입춘에 장독 깨진다'는 속담이 똑 들어맞습니다. 우리 조상은 역설적이게도 이처럼 추운 겨울 한날, 저 멀리 와 있는 봄을 미리 맞이해, 곧 있을 분주함을 준비했습니다. 그들은 어떻게 추운 겨울, 바닥 저 아래 와 있는 봄을 읽어낸 걸까요?

그 비결이야 금세 알 수 없지만, '이미 드러난 발생은 이어 소멸을 향하고, 진정한 발생은 이전의 준비 안에 담겨 있음'에 초점을 맞추었던, 조상의 지혜만은 알겠습니다. 그 지혜가 오늘날 우리춤에 와 닿아 있음을, 매번 춤출 때마다 느끼게 됩니다.

큰 동작을 만드는 비결은 동작이 드러나기 이전, 완벽한 준비에 있습니다. 춤을 출 때면 매번 준비 자세, 그 안에 담긴 지혜를 읽습니다.

꾹 누르고 훅 놓고

우리춤 움직임의 기본 원리는 참말로 쉽습니다. 우리가 이미 알고 있는 '걷기'에서 파생되기 때문입니다. 그저 걷는 겁니다. 천천히 걸으며 땅에 닿는 발바닥에 체중이 실리는 걸 느낍니다. 이어서 다음 발로 옮기는 사이에 발바닥에 집중된 힘을 공중으로 밀어냅니다. 이걸 춤에 그대로 응용하면 됩니다.

춤에서의 걷기는 움직임에 관한 섬세한 관찰이 중요하니, 일상의 걷기보다 조금 더 저항을 느낄 수 있는, 물속에서의 걷기를 떠올리면 좋겠습니다. 흐르는 물길 가운데 서서 앞을 향해 걷습니다. 물의 저항은 발걸음을 느리게 합니다. 그래서 유독 뒤쪽 위치한 발에 힘이 실립니다. 뒷발이 앞발을 밀어내며 디딤이 이어지는 겁니다. 그러니까 몸이 앞으로 나아가게 되는 것은, 뒷다리의 움츠린 동작에 의해서라는 것이 분명해집니다.

우리춤에선 이같이 움츠리는 동작을 '굴신(屈身)'이라 하며 이 작용에 집중합니다. 실제로 춤사위가 보이는 것은 몸을 펴는 동작에 의해서입니다. 하지만 춤사위 용어는 몸을 구부린다는 의미에 초점을 맞추었습니다. 사람의 움직임에는 탄력이 있습니다. 그래서 의도적인 움츠림에는 펴는 동작이 자연스레 따릅니다. 그렇다면 움츠리는 것은 의도된 동작이고, 펴는 것은 그 반동이라는 말이 됩니다. 따라서 '몸을 움츠린다'는 의미의 단어로, 접고 펴는 동작을 한 번에 설명하는 겁니다. 이를 통해 실제 보이는 것보다 그 준비에 핵심이 있음을 알립니다.

어릴 때 배추벌레를 좋아했었습니다. 녹색으로 반짝거리는 배추벌레는 몸을 잔뜩 움츠리곤 이내 쭉 늘려 앞으로 나아가곤 했습니다. 그 아이가 꼼지락거리는 게 어찌 그리 이뻐 보였던지요. 난 지금도 굴신을 생각하면, 녹색 배추벌레의 귀여운 걸음이 떠오르곤 합니다.

굴신을 실제 해보겠습니다. 우선 반듯이 서서 온몸에 힘을 뺍니다. 그리고 이내 배에 힘을 모읍니다. 예부터 우리 선조는 단전(丹田)에 몸 중심이 있다고 생각했습니다. 단전은 배 아랫부분 가운데 어디쯤을 가리키는데, 몸의 중심으로 여겨지며 온몸을 조절합니다(이는 반복되는 연습을 통한 체득으로 느낄 수 있습니다). 단전에 힘을 모으려다 보면 아랫배, 엉덩이, 허벅지 안쪽 근육이 뱃속 중심을 향해 긴장하는 게 느껴집니다. 힘을 모았다면 만들어진 힘을 살짝 띄운 후 아래로 누릅니다. 그러면 고관절, 오금쟁이, 발목이 차례로 접힙니다. 이걸 여러 차례 반복해보면 발바닥을 누르는 체중을 느낄 수 있습니다. 양발바닥에 무게가 느껴졌다면, 한쪽 발로 중심을 옮기고 이어서 반대 발로 이어 걷습니다. 발을 옮길 때는 발바닥으로 전해진 체중을 밀어내듯 놓습니다. 그리고 다음으로 디딘 발을 다시 꾹 누르며 체중을 옮깁니다. 정리해보면, 누를 때 힘을 주고 올라올 때 힘을 빼는 겁니다.

축하합니다. 드디어 우리춤 첫발을 디뎠습니다.
기왕 시작했으니 조금 더 나아가 상체를 이용해 보도록 하지요. 앞에서, 발을 옮길 때 눌린 체중을 놓으라고 했습니다. 이때 발바닥에 전해진 몸의 무게는 상체를 지나 손가락 끝을 통해 공중으로 내보냅니다. 개업식장 앞에 서서 몸을 흔들고 있는 풍선인형을 떠올려보면 좋겠습니다. 힘없이 주저앉았던 풍선인형은 아래에서 밀려오는 바람에 쭈욱 일어납니다. 그리고 몸통 끝의 뚫린 구멍 사이 빠져나가는 바람으로 불규칙하게 흔들립니다. 우리춤도 이렇듯 바닥에서 생성된 힘을 공중으로 뻗쳐냅니다. 만약 손에 수건을 잡고 있었다면, 발바닥에서 전한 힘이 수건을 통해 공중으로 뻗쳐나가는 것을 느낄 수 있습니다. 무대에서 보던 수건이나 장삼을 뿌리는 동작, 부채를 펴는 동작 등이 모두 이런 이치를 통해 이루어집니다. 수건을 손가락으로 던지는 게 아니었던 거지요.

설명은 단순한데 막상 해보면 잘 안 될 수도 있습니다. '아, 난 안돼.' 섣부른 단정이나 체념은 금물입니다. 실행을 원한다면 지적인 이해만으로는 아무래도 역부족입니다. 체험을 통해 느낌으로 인지하고 이를 또 반복해야 합니다. 속았다고요? 글로 충분하다더니 너무 한다고요?

자, 이해만으로도 충분합니다. 됐습니다. 이해됐으면 오케이! 하지만 라면 맛도 실제 끓여보면 점점 나아지지 않던가요. 조금 해보면 금세 다르다는 것을 느끼게 될 겁니다. 실행할 때마다 몸의 이해도가 변화합니다. 그때 쾌감이란! 그러니 안 할 이유가 없지 않은가요. 가볍게 하고, 또 해보는 겁니다. 꾹 누르고 훅 놓고. 꾹 누르고 훅 놓고.

들이쉬고 내쉬고

슬기둥 시르렁둥당. 공자님도 현을 뜯으셨다지요? 예부터 거문고 연주하는 행위는 단순한 연주를 넘어 '금도(琴道)'라고 칭했습니다. 금도는 거문고 연주를 통한 수행이라는 의미로, 악기를 연주하는 것만으로도 몸과 마음의 연마가 가능하다고 여긴 것을 알 수 있습니다. 이처럼 과거 예술 행위의 궁극적 목표 중 하나는, 몸과 마음의 양생(養生)에 있었습니다.

옛사람들은 참 멋이 있습니다. 예술 행위를 통해 양생의 길을 추구한다는 개념이 들을수록, 생각할수록 참으로 근사합니다.

우리춤 원리는 몸에 자체 발전소를 만드는 것과 같습니다. 자연 순리대로의 움직임은 몸 안에 힘을 만들어냅니다. 그래서 춤을 추는 것으로 자체 발전소를 품는 셈이라는 거죠. 반면, 역행하는 움직임은 몸에서 금방 알아차립니다. 금세 고장이 나서 불편한 통증을 신호로 보냅니다. 우리춤뿐 아니라 전통 종목들은 각기 건강한 정신과 신체를 만드는 걸 목표로 삼았습니다. 그래서 각 종목은 분명 서로에게 긍정적 영향을 미쳤을 것으로 생각합니다. 단전호흡, 국궁(활쏘기), 무예, 서예, 그림, 음악, 춤 등은 각기 발전하기도 하고 서로 교류하며 오늘에 이르렀습니다.

예술은 몸을 매개로 합니다. 그래서 문화마다 지향하는 기본적인 몸 사용법이 있습니다. 우리 예술에는 전체를 연결하는 허브(hub) 역할의 호흡법이 있습니다. 춤과 연관할 수 있는 호흡법을 잠시 살펴보겠습니다. 전해지는 서적으로는, 일반적으로도 익숙한 허준의 『동의보감(東醫寶

鑑』을 대표적으로 들 수 있겠고, 도교경전의 「내단법(內丹法)」, 김시습의 『잡저(雜著)』, 북창 정렴의 『용호결(龍虎訣)』, 퇴계 이황의 『활인심방(活人心方)』 등에 전통호흡법이 전합니다. 그 내용을 지금까지 전해지는 단학(丹學)이나 국선도의 단전호흡(丹田呼吸) 등을 통해 수련해 볼 수 있습니다.

전통 호흡법을 다른 말로 단전호흡이라고 합니다. 단전호흡은 단전이라는 개념을 중심으로 호흡을 연마하는 것입니다. 이를 이용해 건강한 정서와 육체를 만들고자 합니다. 그 방법을 간단하게 살펴보면, 코로 숨을 들이쉬어 폐를 부풀게 하는데 이때 숨을 길고 깊게 들이쉽니다. 그리고 이 힘을 이용해 복부의 장기를 밀어내고, 결국 하단전을 자극해 힘을 모으는 방식입니다.

정확하게 일치하지는 않지만, 단전호흡의 많은 부분이 춤 호흡과 같습니다. 춤 또한 하단전에 힘을 모으고 이를 이용한 움직임을 지향하기 때문입니다. 가장 크게 다른 점이 있다면, 단전호흡의 목적이 건강을 좋게 하는 데 있고, 춤은 호흡을 통해 최종적으로 미적 조형성을 드러내려 한다는 점을 들 수 있겠습니다.

단전호흡 장점 중 하나는 몸 안에 면역력을 키우는 것이라 합니다. 그러니 춤을 추는 것으로 자연스레 몸 안에 천연 면역제를 생성할 수 있습니다. 잊지 않았지요? 들이쉬고, 내쉬고.

작은 것

　전통춤엔 여러 춤 용어가 전합니다. 그중 잘 알려져 있고 많이 언급되는 대삼소삼(大衫小衫)이 있습니다. 전통음악의 대삼소삼(大三小三)과 일맥상통하며 고유 리듬을 유지하는 질서라 할 수 있습니다. 소매 삼(衫)을 사용하는 것에서 알 수 있듯이, 춤을 출 때 옷소매가 높아졌다 낮아짐을 반복하는 모양새로 춤을 설명한 표현입니다. 전통춤을 보면 유독 소매가 위아래로 움직이는 걸 보게 됩니다(팔 외의 몸은 옷에 가려져 있어 움직임이 잘 보이지 않습니다). 여기 궁금증이 입니다. 왜 '위아래'가 아니고 '크고 작은' 소매라는 표현을 사용했을까요? 그건 몸 안의 호흡을 이용한 움직임이 소매로 드러나기 때문입니다. 일반적으로 소매가 위로 올라올 때는 힘을 바깥으로 내보내는 때(呼), 반대는 힘을 안으로 들이는 때(吸)입니다. 그래서 대삼은 큰 소매라는 의미니 큰 동작을 말하고, 반면 소삼은 작은 움직임을 의미하게 됩니다.

　일반적으로, 큰 것은 강하고 작은 것은 약하다고 생각합니다. 아무래도 대부분 큰 것이 작은 것에 비해 무겁거나 파괴력이 크고, 큰 것은 작은 것으로 나뉘는 것이 당연하게 여겨지기 때문입니다. 하지만 나는 전통춤 대삼소삼을 알고 나서 여기에 의문을 제기하게 되었습니다. 과연 작은 것은 큰 것보다 힘이 없고, 작은 건 큰 것이 남긴 부스러기일 뿐일까, 라고요. 작지만 강한 것들이 있습니다. 눈을 찌르는 빛이 있어 고개 돌릴 때를 생각해보겠습니다. 빛이 눈을 찔러 불편함을 주는 것은 물리력이 강해서가 아닙니다. 빛은 물리력이 없지요. 하지만 모이면 그 무엇보다 강해집니다. 아주 작은 빛줄기도 초점이 또렷하다면 그 어떤 힘보다 강해지지요(돋보기로 초점 맞추다 불이 붙을 듯 연기를 내본 적, 다들 한 번씩 있을 겁니다). 대삼소삼은 이처럼 작지만 응축된 힘의 중요성을 역설합니다. 그래서 전통춤에서 대삼과 소삼을 대등하게 여깁니다. 대삼과 소삼은 하나입니다. 결코 다름이 아니지요. 모양은 다르지만 상호작용하여 이윽고 서로가 됩니다.

  덩어리 하나를 임의 상정해 보겠습니다. 덩어리는 때로 커지고 때론 쪼그라듭니다. 커질 때나 쪼그라들 때의 질량은 같습니다. 그렇다면 커질 때 덩어리의 조직이 느슨해지고, 쪼그라들 때면 조직이 치밀해지는 걸 겁니다. 커질 때를 대삼, 쪼그라들 때를 소삼이라고 명명해 보겠습니다. 대삼은 큽니다. 큰 만큼 안은 허하고 빈틈이 존재합니다. 크고 방대하지만 그만큼 치밀하지 못합니다. 어딘가를 향해 바쁜 대장부 발걸음에 주위의 작은 풀이나 생명체가 중요할 리 없습니다. 전장에 나가는 장군이 벌레 다칠까 염려한다면 안 될 일입니다. 반면 소삼은 작고 단단합니다. 소삼을 행하는 이치는 치밀하고 계획적입니다. 실행을 실행답게 하는 준비의 마력, 소삼이 갖는 단단함에 있습니다. 대장부의 이모저모를 미리 챙기는 아낙의 꼼꼼한 준비가 떠오릅니다. 소삼은 대삼으로 드러나고 이어 대삼은 소삼으로 수렴됩니다. 둘은 서로 서로가 됩니다.

  소삼은 소금입니다. 바닷물은 마르고 말라 한 줌 소금이 됩니다. 바닷물이 대삼이라면, 소금은 바닷물의 소삼입니다.

  소삼은 진한 에스프레소와 닮았습니다. 머그잔에 그득한 물과 만나면

연한 아메리카노가 됩니다. 아메리카노는 물론 에스프레소의 대삼입니다.

소삼은 말린 옥수수알갱이와 흡사합니다. 뚜껑 닫힌 뜨거운 냄비 안에서 팡팡 터지며 팝콘으로 변신합니다. 팡팡 터지는 순간, 대삼이 생깁니다.

대삼소삼을 통해, 서로의 다름을 보라는 선인들의 지혜를 읽습니다. 대삼소삼은 서로를 인정하고 존중하라고 합니다. 우리 조상들은 유독 '남녀유별'을 강조했습니다. 대삼소삼의 견지에서 보면, 남녀가 유별하다는 것은, 남자를 중심에 놓고 여자를 주변인으로 배치하는 것이 결코 아닙니다. 사극 등에서 남녀유별을 핑계 삼아 여성을 멸시하는 장면을 보게 됩니다. 그건 잘못된 예의 전형일 뿐입니다. 실상은 성별이 갖는 원초적 다름을 설파한 것입니다. 서로 다르기에 오히려, 서로가 존중해야 함을 역설합니다. 대삼소삼에는 서로 간의 소통과 상생이 있습니다.

멈추었지만 멈춘 게 아니다

내 별명은 '아만다'입니다. 맨날 뭘 잊고 "아, 맞다"라며 호들갑을 떠는 통에, 아내가 놀리며 부르는 별호입니다. 이건 사실 어제오늘 일이 아닙니다. 어릴 적, 심부름을 보내면 한참 후에 생각지 않던 물건을 잔뜩 들고 돌아와 어머니의 울화를 돋운 게 한두 번이 아니었습니다. 초등학교 때는 학교 앞 문방구에서 지우개 구경에 빠져, 수업 시간 중간에 들어간 일도 여러 번이고요. 그 버릇은 아직도 그대로여서, 매번 아내가 '아만다!'라고 부를 일이 생기면 두피를 긁적이며 멈칫합니다. 우뚝 선 그 순간, 이전 흐르던 생각은 벽을 만난 듯 한꺼번에 쌓여 부딪히고 머릿속은 어느 때보다 복잡해집니다. '아, 맞다. 그러니까 그게……'

압력밥솥 뚜껑이 딸랑딸랑 알림을 보냅니다. 솥 안에 막대한 에너지가 생겨 위험하다는 신호입니다. 피이익, 김이 빠질 때까지 기다려야 합니다.
계곡의 거세게 흐르던 물은 깊은 곳에 고여 웅덩이를 만듭니다. 표면은 잔잔하나 깊은 속 물살의 강인함은 드러내지 않습니다.
부푼 풍선은 통통 가볍습니다. 매끌매끌한 고무공이 팡, 터지기 직전까지 강한 에너지를 담고 있는 건 비밀입니다.

고요함 안에 담긴 강한 에너지를 우리춤에서는 '정중동(靜中動)'이라 일컫습니다. 조용히 멈춘 것을 '정(靜)'이라 하고 움직이는 에너지를 '동(

動)'이라 정리해보겠습니다. 그러면 정중동에서 정 안에 동이 있다는 의미가 보일 겁니다. 정중동은 멈춘 듯한 동작 안에 강한 에너지를 함유하고 있음을 말합니다. 이를 뒤집어 동중정(動中靜)으로도 씁니다. 정중동, 동중정은 춤이라는 행위 속에서 펼쳐지는, 보이지 않는 양면적 현상입니다. 이런 미묘한 활동이 우리춤의 진정한 특징이라 하겠습니다.

정중동은 동작이 느린 경우에 쓰입니다. 우리춤에는 안 움직이듯 움직이는 장면이 많습니다. 동작과 동작 사이 꿈쩍도 안 하거나 아주 미세하게 움직입니다. 이때 단순하게 그저 모양을 짓고 서 있다고 생각을 하기 쉽습니다. "팔을 들고 오래 서 있구나" 이렇게요. 그런데 우리춤은 이럴 때 몸 긴장이 풀린 게 아니라, 오히려 안으로 조이는 힘을 강하게 씁니다. 여기에 춤추는 이의 최대 집중이 있습니다. 그래서 동작은 느리지만 정작 운동 긴장감은 크고 역동적입니다. 이런 모습을 감상할 때는 멈추었지만 멈춘 게 아니라 힘을 응축한다고 이해합니다. 그리고 "정중동 묘미가 드러난다"라고 표현합니다.

정중동에는 필연적으로 동중정이 따르기 마련입니다. 정중동의 적막한 고요에 이어서, 마치 막고 있던 풍선 입구를 놓으면 휘리릭 풍선이 움직이듯, 빠르고 가벼운 움직임이 나타납니다. 이걸 동중정이라 합니다. 동중정은 빠른 움직임의 경우입니다. 동작이 다양하기에 몸 내부에 긴장감을 담지 못합니다. 다양한 움직임을 만드느라 그럴 새가 없습니다. 그러니 내부 역동성은 그만큼 상쇄됩니다.

정중동과 동중정, 춤에 있어서 둘의 비중은 같습니다. 다만 우리춤을 말할 때면, 정중동이 상대적으로 더 자주 언급됩니다. 여타 춤에 비해 우리춤은 내부 강건함에 묘미를 둡니다. 그러나 이런 내부 역동성은 바깥으로 드러나지 않습니다. 그래서 정중동이란 특성이 무시되는 경향이 있습니다. 일반적으로 춤을 볼 때면 빠른 동작에 호응하기 때문입니다. 하지만 정중동에 좀 더 집중해 보면, 이제껏 보지 못했던 우리춤의 독특한 미가 눈에 들어옵니다.

정과 동만큼 중요한 개념이 '중'입니다. 동과 정 사이에 놓인 중은, 이 둘을 조절해서 순환적인 흐름을 관장합니다. 중은 세상 모든 흑과 백을 둘이 아닌 다양한 모든 것으로 만드는 중간자입니다. 시각적으로는 영원히 반복되는 뫼비우스 띠의 가운데를 중이라 부를 수도 있겠습니다. 그러나 뫼비우스 띠 가운데는 그저 흐름이 교착하는 지점입니다. 반면 우리춤에서의 중은 독립적 특성이라 하겠습니다. 우리춤에서 좌우로 움직이며 리듬을 만드는 것을 '좌우세'라고 표현합니다. 좌우세는 중을 놓고 좌우로 번갈아 움직입니다. 하지만 좌우로 번갈아 움직이되 좌우를 지향하지는 않습니다. 양쪽으로 움직이지만 정작 가운데 힘이 맺힙니다. 예를 들어 매듭을 묶는 것과 같습니다. 그래서 안으로는 힘이 강하지만 밖으로 유연한 흐름이 지속되며 절제미가 드러납니다. 우리춤의 두 특성, 도드라지지 않고 물 흐르는 듯한 유연한 표현과 흐느적거리지 않고 힘 있는 맥이 동시에 형성되는 것은 중의 운용 때문입니다.

정중동, 동중정은 몸 안 호흡의 완급으로 춤사위를 조절해서, 운영이 안에 감춰져 드러나지 않습니다. 그러니 춤을 보면서 그 이치를 알아채기도, 직접 체득하기도 쉽지 않습니다. 그렇기에 우리춤은 이를 잘 표현해 내는 것을 큰 목표로 삼기도 합니다.

도서관에서 책을 읽다가 고개를 들면 건너편 책상에 푹 숙인 뒤통수가 보입니다. 차창 너머 뵈는 공사장에는 작업에 열중하는 등판 여럿이 보입니다. 이런 장면을 볼 때면, 정중동이 떠오릅니다. 내게 정중동은 희망이고 든든함입니다.

끝은 시작으로 QR-08

  한반도, 나아가 아시아문화를 얘기할 때면 빠지지 않고 등장하는 문양이 있습니다. 바로 '태극'입니다. 원 가운데 구불구불한 선이 그어져 반으로 나뉘고 각기 면은 상극적인 색으로 채워져 있는 태극은, 참으로 여러 곳에서 만날 수 있습니다. 워낙 자주 대하다 보니 우리 문화를 대변하는 하나의 표식으로만 여기고 맙니다. 하지만 태극은 단순한 문양만이 아닙니다. 태극에는 돌고 도는 순환의 운동성이 함유되어 있습니다. 이게 춤으로 보는 태극의 진면목입니다. 우리춤을 통해 단순한 태극문양에서 순환의 움직임을 한번 살펴볼까요?

  우리춤을 보면 살아 움직이는 태극이 보입니다. 태극을 보기에는 <승무>가 적절한 예가 될겁니다. 승무는 '장삼(長衫)'이라는 긴소매의 겉옷을 입고 춥니다. 소매 끝을 살펴보겠습니다. 춤이 추어질 때면, 양손을 함께 뿌리기도 하고 각기 뿌리기도 하는데, 이때 긴 소매가 교차하며 날리는 것이 보입니다. 이 순간, 소매 끝이 원을 그립니다. 원은 시작과 끝이 따로 없습니다. 한쪽이 마무리되기 전 다른 쪽이 시작됩니다. 만들어진 두 개의 원이 순환하며 각기 다른 모양으로 돕니다. 그리고 연속되는 움직임 가운데 태극 모양새가 드러납니다. 태극이 소매에만 보이는 건 아닙니다. 소매 끝에서 태극을 보았다면 옷자락과 자락, 발부리와 머리끝, 양손의 끝단, 그 사이사이에서 다양하게 찾을 수 있습니다.

  물론 태극이 승무에만 있지는 않습니다. 자연적 흐름이 있는 곳이면 어디든 있습니다. 모든 움직임에 일어나는 현상이기에 전혀 특별하다고 하기 어렵습니다. 다만 '그저 있는 것'과 '지향'한다는 건 다르다는 점을 생각해봐야겠습니다. 춤은 의도된 움직임이기에 무엇을 지향하는지가 중요하게 여겨집니다. 우리춤은 태극을 지향합니다. 그리고 태극은 자연현상을 따릅니다.

그런데 이 말을 곱씹어보면, 춤을 추면서 일부러 눈에 띄려 노력하지 않는다는 말과 같습니다. 여기 우리춤의 특징이 있습니다. 남에게 보이는 춤을 추면서, 타인을 의식해 거기 맞춰, 드러내려 하지 않습니다. 시각적 평가를 목표로 하는 춤이지만, 순환의 질서를 더 우선시합니다. 그래서 우리춤은 내면적인 충만함을 중시하며, 이의 완성을 향한 고민과 수행의 과정이라고 할 수 있습니다.

이런 태극의 순환은 문화 저변에 깔려 여러 형상으로 그려집니다. 조금만 관심을 가지면 우리 문화 전반에서 태극을 볼 수 있습니다. 또한 서구 문화 저변에 깔린 동양적 색채에도 있기에 세계문화 공통성을 발견하기도 합니다.

밑동과 뿌리

"네가 나한테 어떻게 이럴 수가 있어?" 갈등 관계를 나타내는 드라마의 단골 대사입니다. 이런 대사가 쓰이는 드라마 속 상황은 무척 다양해 보이지만, 실상 골격은 거의 비슷합니다. 대사 표면에 드러난 사건의 주원인은 '그'의 무신경이며 '그'가 내린 그릇된 판단이고 '그'가 한 잘못된 행동입니다. 하지만 보고 있자면 내면은 좀 다릅니다. 표면에 드러나는 '그'나 그의 '무딘 신경'쯤은 아무것도 아닙니다. 내면에 도사리고 있는 것은 언제나 '나'입니다. 내 존재, 내가 한 일. '나를 보라고! 내가 여기 있다고! 내가, 이 귀중한 내가, 너에게 차고도 넘치는 내가, 이토록 존귀한 내가, 이렇게까지 했는데 그걸 몰라주다니, 네가 제정신이니?' 속마음은 이렇습니다. 등장인물이 제일 모르는 건 아마도 저 자신입니다. 주야장천 자신을 중심으로 생각하고 자신을 드러내고자 노심초사하건만, 정작 본인은 깜깜합니다. 이런 부조화는, 관계에는 물론이고 스스로 한 일에도 잠재하기에, 항상 주의해 돌아보아야 합니다. 자신을 속이는 게 제일 쉬운지도 모르니까요. 내 마음에 나만으로 그득 차서 배려나 고려를 위한 여분이 없는 게 아닌지 살펴야 합니다. 좋은 일을 했을 때도 그렇습니다. 그게 아무리 작아도 누군가 알아주었으면 합니다. 하지만 세상사 영원한 감춰짐은 없습니다. 그러니 조바심 낼 필요도 없지요. 쌓이고 쌓이면 누군가는 보고, 알아주고, 칭찬해 줍니다. 이런 진리를 무위지위(無爲之爲)에서 배웁니다.

무위지위는 무언가를 함에 있어 함을 드러내지 말라는 노자(老子)의 말씀입니다. 다들 그랬으리라 생각합니다만, 나는 어릴 적부터 무언가를 행함에 드러내지 않으면서 해내는 것을 덕으로 여기도록 배워왔습니다. 그래서인지 가끔 주변에서 이런 양상을 목격하게 될 때면, 자연스럽게 좋음이 올라오는 것을 격하게 느끼곤 합니다. "저 사람 참 괜찮네!"하고 말이죠.

　우리춤은 이런 드러내지 않음의 덕성을 바탕에 둡니다. 우리춤의 흐르다 멈춘 듯 그러다 또 흐르는 유연함은 드러내지 않음에서 기인합니다. 실체는 뒤에 숨어있습니다. 살풀이 수건을 던지는 건 손이 아니라 옆구리이고, 장고 채를 움직이는 건 손 놀음이 아니라 발디딤입니다. 실제 움직임을 드러내지 않습니다. 드러나지 않기에 잘 보이지 않습니다. 그래서 세심하게 보아야 합니다. 여기에 더해 겹겹이 입은 옷으로 몸 절반 이상이 가려져 있으니 옷 속 움직임을 눈으로 보는 건, 언감생심입니다. 이를 초보자 눈으로 보아내기는 어렵습니다.

　하나의 방법을 제시해 보겠습니다. 춤을 볼 때면 자연을 떠올려보는 겁니다. 꽃과 풀 그리고 나무가 그득한 풍경 말입니다. 저기 장마를 앞둔 바람 한 점 없는 여름 한낮의 수풀이 있습니다. 가지마다 통통하게 실이 올라 녹음이 보기 좋습니다. 멀리서 바라보자니 흡사 둥글둥글한 녹색 솜사탕들을 모아놓은 듯합니다. 솜사탕 무더기는 멈춘 듯 멈춰있지 않고 불규칙하게 움직입니다. 그러다 바람 한 줄이 일어날라치면, 일제히 후루룩 스러졌다가 이내 솟으며 파도를 만듭니다. 바람에 나부끼는 이파리들이 가볍습니다. 그 잎을 튼실하게 붙들고 있는 가지와 밑동 그리고 뿌리를 생각합니다. 든든한 밑동과 뿌리는 결코 겉으로 드러나지 않습니다.

하지만 이파리와 가지가 잘 움직이도록 받칩니다. 그 덕성이 우리 부모를 닮은 듯합니다.

어떻습니까, 보고 있는 춤이 수풀의 든든함을 그려내고 있습니까?

지구를 돌려라 QR-09

　창작춤 페스티벌에 참가했을 때입니다. 다양한 전공자가 모여 각기 기량을 뽐내는 무대였습니다. 복도를 지나다가 오랜만에 얼굴을 보는 친구를 만났습니다. 새로운 걸 만드는 데 관심이 많았던 그는 이제 완연한 안무가로서의 면모를 갖추고 있었습니다. 한때 우리춤을 주로 추었는데 이제 현대춤 안무를 전문적으로 한다고 했습니다. 커피를 한잔 놓고 이런저런 이야기를 나누는 도중에, 의외의 질문을 받았습니다. "전통춤은 중간중간 도는 부분이 많잖아. 난 어릴 때 전통춤을 추면서 도저히 모르겠더라고. 왜 자꾸 돌라고 하는지. 남에게 감동을 줄 기교라 하기도 그렇잖아. 도는 동작에 무슨 의미가 있나?" 이 작품 저 작품 모두 여기저기에서 돌더라는 겁니다. 맞습니다. 우리춤 사이사이에는 바쁘게 뱅글뱅글 돌든, 우아하게 한 바퀴를 돌든, 휙 서둘러 돌든, 도는 장면이 많습니다. 모든 움직이는 동작마다 의미를 부여하는 작업을 하는 친구는, 어릴 적 그저 시키는 대로만 했었던 움직임에 궁금증이 일었던 겁니다. '왜 이렇게 자주 도는 장면이 나오는 걸까?'

　도는 이유에 대한 답을 하기 전에 먼저 나누고픈 이야기가 있습니다. '멈춤'에 관해서입니다. 자연스러운 멈춤을 생각해보겠습니다. 물이든 바람이든 자연의 흐르는 것들은 흐르다가 교착지점이나 단차(段差)가 있는 장소에 이르게 됩니다. 그러면 그저 멈추지 않습니다. 돌며 잦아듭니다. 소나기가 내리는 여름날, 도로에 흐르는 물은 맨홀뚜껑 위에서 돌다 구멍 안으로 빨리듯 사라집니다. 낙엽이라도 하나 얹혀있으면 빙글빙글 도는 잎을 볼 수 있습니다. 구멍 안으로 빨려 들어가며 낙하하는 물과 그 위에서 도는 낙엽을 떠올려보십시오.

우리춤은 이런 자연의 모습을 표현하고자 합니다. 그래서 도는 장면에서 정작 춤을 추는 이는 돌지 않습니다. 이게 무슨 소리일까요, 분명 도는데 돌지 않는다니? 그 묘미를 짐(gym)의 트레드밀(treadmill)을 보며 살필 수 있습니다. 트레드밀 위에서 걸을 때, 아무리 열심히 걸어도 걸음은 제자리를 맴돕니다. 분명 걷긴 걷습니다. 하지만 바닥이 모터에 의해 후행합니다. 그래서 걷지만 앞으로 나가지는 않습니다. 비상 단추를 누르면 즉시 자리에 서게 됩니다. 트레드밀 위에서 움직인 사람 중심으로 생각해 보시지요. 그가 바닥을 돌린 겁니다.

음, 그래서?

<춘앵전>이란 궁중 춤이 있습니다. 바닥에 기다란 직사각형 화문석을 깔고 그 위에서 아름다운 자태를 춥니다. 이때 춤추는 이는 화문석을 벗어나지 않습니다. 화문석 범위 내에서 여기도 가고 저기도 갑니다. 물론 돌기도 합니다. 눈으로 보기에 분명 넓지 않은 공간이지만, 화문석 위에서 춤을 추는 사람 마음에는 크고 넓은 공간이 담겨 있습니다. 그래서 상상은 좁은 공간을 넘어섭니다. 사람의 생애는 한계 안에 있지만, 삶의 의지는 언제나 그 한계를 뛰어넘지요. 우리춤은 삶의 의지 자체라고 해야 할까요? 춘앵전을 추는 마음은 좁은 화문석 너머까지 인식을 넓힙니다. 상상의 범위는 끝이 없습니다.

나는, 긴 박자에 한 걸음 뗄 때면, 한발과 다음 발 사이에 천지를 넣고 딛

습니다. 걸음으로 내가 나아가는 게 아니고, 걸음 사이에 바닥을 접어 넣는 겁니다. 바닥을 딛고 일어날 때도 몸을 세우지 않습니다. 힘을 주어 지구를 밀어냅니다. 제자리 원을 돌 때도 이와 같아서 좁은 공간을 돌아들지 않습니다. 나는 제자리에 서 있고 디딤으로 바닥 자체를 돌립니다. 옆으로 돌아도 뒤로 돌아도, 내가 향하는 건 언제나 앞입니다. 춘앵전을 추는 사람이 등을 보이며 도는 것이 보이나요? 실은 그가 당신을 돌린 겁니다. 장자(莊子)는 『장자』「소요유(逍遙遊)」편에서, 붕이 날개로 해면을 치면 삼천리요, 이로 인한 회오리가 구만리에 이른다 했습니다. 선현의 세계가 이토록 무변광대(無邊廣大)하거늘, 춤추는 한걸음에 천지를 넣거나 한 발로 지구를 돌리는 정도쯤이야, 뭐. 별일도 아닙니다.

 이렇듯 우리춤은 춤추는 이를 중심으로 세상을 대합니다. 춤추는 이는 이를 알기에 자만하지 않습니다. 더욱 겸손하고 음전합니다. 그래서 단아한 몸태로 단순히 움직여도 끝없이 광활한 자유로움을 표현합니다.

 도는 춤이라면 딱 떠오르는 이미지로, 이슬람 신비주의(Sufism) 회전춤, 휠링 더비시(Whirling Dervish)가 생각납니다. 종교적 환희를 향해 돌고 도는 하얀 치마 입은 남자들. 그들이 떼지어 도는 이미지는 몽환적입니다. 그 춤을 보면서 실크로드로 이어진 문화 동일성을 보았었습니다. 아, 그들은 우리랑 비슷하구나. 그들도 도는 게 아니라 돌리고 있는 건지 모릅니다. 아, 생각만 해도 어지럽습니다.

들창

춤추는 이는 공간이라는 3차원 입체 안에 있습니다. 무대가 여섯 면으로 된 사각형이라고 단순하게 생각해보겠습니다. 사람은 바닥에 붙어있으니 바닥 근처에서만 움직인다고 할 수 있습니다. 하지만 실제는 딛고 있는 바닥을 중심으로 사방팔방에 에너지를 보내고 이미지를 만들어냅니다. 그러니 모든 공간을 움직인다고 할 수 있습니다. 그래서 공간을 어떻게 이해하고 분석하고 사용하느냐에 따라 만드는 춤 모양이 달라집니다.

지역 순회공연을 갔었습니다. 매미 소리가 하늘을 덮은 듯한 더운 여름날이었습니다. 공연장소는 양반가로 유명한 경상도의 한 대갓집 근처였습니다. 리허설에 앞서 안내자는, 과거 집주인이 불우한 사람들을 위해 베풀었던 선행에 대해 애정을 담아 설명해 주었습니다. 귀담아들으며 쭉 훑어보던 중, 사랑채 건물에 유독 눈이 갔습니다. 건물에는 있어야 할 문이 없이 시원하게 뚫렸었습니다. 정확히 얘기하면 문을 걸어 올려 처마에 걸은 것입니다. 문틀을 사선으로 비스듬히 걸어 올린 모습은 가히 예술작품에 버금갔습니다. 하얀 종이가 발린 문살은 햇살이 만드는 그림자로 오묘하게 예뻤습니다. 넋을 놓고 보고 있자니 안내자께서 이런 방식을 '들창'이라 한다고 알려 주었습니다. 그게 그렇게 멋들어져 보일 수 없었습니다. 사방의 문을 걸어 올린 방은, 네 개의 기둥이 버티고 서서, 마치 커다란 모자 같은 처마지붕을 받치고 있었습니다. 그리고 문이 없어 뚫린

수다 2. 우리춤 설명서

공간은 배경이 되는 뒤 건물, 나무 등과 근사하게 조화를 이루었습니다. 그 모습은 흡사 경치 좋은 곳에 선 정자(亭子)처럼 보였습니다. 방 하나를 용도에 따라 침실로, 식당으로, 사무실로 변형해 썼던 우리 조상들은, 용도뿐 아니라 모양까지도 자유자재로 변형해 쓴 것입니다. 그리고 이러한 변형 그 바탕에는 자연과의 합일이 있었습니다.

춤추는 공간 또한 마찬가지입니다. 우리에게는 극장이란 공간이 따로 존재하지 않았습니다. 꾸며서 바꾸면 되었습니다. 융통성 있는 알뜰함이 돋보이는 대목입니다. 우리는 어떻게 공간을 이해하고 분석해서 사용했는지, 궁중을 예로 살펴보겠습니다. 궁궐은 공간이 꽤 명확하게 나뉘어 있습니다. 하나의 궁궐은 여러 담으로 나뉜 작은 전각들이 모여 이루어집니다. 궁중 행사는 그중 한 곳을 정해서 진행되는데, 공연이 결정되면 그 장소가 전면 변형됩니다. 기본적인 건물 형태는, 앞마당을 안고 있는 주 건물을, 담이 네 면으로 둘러싸고 있습니다. 행사 때면 주 건물에 보계(補階)라는 일종의 높은 마루를 넓게 덧대어서 실내공간을 확장합니다. 춤을 추는 공간은 보계 그 위입니다. 위로 뚫린 하늘 외에는 담장으로 닫힌 공간에서 춤을 추는데, 각 궁의 담은 그다지 높지 않고 설치된 보계로 바닥은 높아져, 시야는 밖의 공간을 넘나들게 됩니다. 결과적으로 춤을 추는 입장에서는, 연희공간이 외부와 분리되지 않은, 열린 공간 형태를 인식하게 됩니다. 열린 공간에서의 움직임은, 만들고 추는 과정에서 자연스레 자연에의 합일이나 유대성을 추구하게 됩니다.

스승은 "거울이 우리춤을 다 버려 놓는다"고 말씀하셨습니다. 거울에 비친 모습에 의존하면 안 된다는 얘기입니다. 물론 움직인 후 그 비친 모습을 확인하는 사이는 그야말로 눈 깜짝할 순간이기에, 거울의 자신을 보는 건 그다지 문제가 되지 않습니다. 다만 인식에 뒤이어 분별없이 판단과 분석을 하는 사이, 어느새 동작이 굳는다는 게 문제입니다. 특히나 느린 동작을 할 때면, 동작이 경직되고 흐름이 끊기는 것이 금방 드러나고야 맙니다. 또한 춤을 출 때면 자신이 속한 공간 전체를 관망해 인식해야 한다는 점도 염두에 두면 좋습니다. 거울에서 벗어나 주변을 두루 살필 때 공간 활용의 여지가 커지고 운신의 폭이 넓어집니다. 거울에 집중하면 주변 공간을 무시하게 되어 시야가 좁아지니 주의해야 합니다. 나아가 공간인식 너머 선대가 우리에게 주었던 공간을 떠올리면 상상이 증폭됩니다. 이를 통해 공간 안에서 존재하는 내가 오롯이 자유로워질 수 있습니다. 오감으로 느끼는 공간을 통해, 나와 나 이외의 것들이 모두 분명해집니다.

맥 QR-10

　연습으로 아픈 몸을 이끌고 문을 나설 때마다 욕심 때문이라고 자책합니다. 연습에 집중하다 보면, 몸이 보내는 신호를 무시하게 되는 경우가 다반사입니다. 음악에 맞추어 몸을 움직이는 춤은, 일단 집중하게 되면 어지간해선 그 흐름을 끊지 못합니다. 살짝 좋지 않음을 느끼더라도 연습을 강행하는 경우가 태반입니다. 이때 대번에 몸에 무리가 오고야 맙니다. 그러면 어김없이 한의원이나 마사지 테라피스트를 찾아 도움을 청하게 됩니다.

　한의원에서 침을 맞을 때면 엉뚱한 곳에 침이 꽂히는 경험을 할 때가 있습니다. 오른쪽 어깨가 아프다고 하면 반대쪽에 바늘이 꽂혀 재차 호소하기도 합니다. "저, 오른쪽 어깨인데요. ……" 마사지를 받을 때도 이와 같아서 팔이 아프다고 하면 목을, 발이 아프다고 하면 등을 집중적으로 풀어주는 경우가 많습니다. 한의사나 마사지 테라피스트가 보는 것은 내가 찡그리며 토로하는 통증 부위만이 아닙니다. 통점과 연결된 다양한 지점을 훑어 원인을 찾고 유기적인 흐름을 원활히 해 치유하는 것입니다. 대략 찾아보니 이런 걸 혈(穴), 맥(脈) 등으로 부릅니다. 침상에 누운 내가 그 지점을 다 알 길이 없으니 그저 신기할 뿐이고 '희한하네'만 되뇌게 됩니다.

　우리춤도 흐름 가운데 맥이 형성되어야 합니다. 춤을 연습할 때면 '맥이 제대로 짚였는지' 혹은 '맥이 제대로 섰는지'를 살핍니다. 춤의 맥은 '조형미'의 형체, 균형, 양감 등을 만드는 조화와 비슷합니다. 조형미는 자연미를 원본으로 해 인위적으로 조성해 낸 아름다움을 말합니다. 춤에서는 움직임이 이루어지는 가운데 흐트러지지 않는 미적 조화를 의미합니다. 만약 춤을 추는 가운데 언제라도 정지버튼을 눌러 움직임을 정지상태로 만든다면, 그게 어느 장면이더라도, 몸의 자태는 조형미를 잃지 않아야 합니다. 그래서 발을 디뎌 나아갈 때면 뒤에서 밀려오는 힘의 전달에 유의합니다. 그리고 손 모양을 만들 때면 손이 아닌 가슴과 옆구리 그리고 등허리 움직임에 집중하는 거지요. 이렇듯 우리춤이 추구하는 조형미의 특이점은 '흐름' 안에서 이해되어야 한다는 점입니다. 그래서 전체 흐름 안에서의 조형을 따집니다. 이때 바닥에서 시작한 힘이 손끝이나 피부, 옷 등으로 전달되는 과정에 유의합니다.

  이 점은 전통춤과 신무용에서 차이를 보입니다. 전통춤은 중심에서의 발산에서 멋을 찾는 반면, 신무용은 좀 더 완성된 형태를 지향하는 것이지요. 전통춤을 보면, 상체 춤사위나 손끝 혹은 손에 쥔 소품 끝의 조형미가 완료된 느낌이 들지 않고 엉거주춤, 미완으로 보일 때가 있습니다. 하지만 이때 무턱대고 조형미가 깨졌다고 판단하지는 않습니다. 만약 하체에서 시작된 힘이 충분히 발휘되어 그 기운이 상체로 연결되는 흐름에 있다면, 그건 조형미가 충분하다고 평가합니다. 우리춤에서 쭉 뻗지 않고 굴곡진 장삼 소매나 수건, 자연스레 뻗쳐 올려진 손가락 마디 등이 우선시되는 이유입니다. 반면 신무용은, 명확하게 뻗어내는 팔의 선, 분명하게 나뉘는 각도 등 좀 더 명확한 동작의 구분을 추구합니다.

귀환

　공연이나 안무작업을 위해 지방이나 해외 낯선 곳을 찾는 일이 있습니다. 출장 중에는 멀리 떠나있지만 꽉 짜인 일정 안에 있기에 틈을 내기 어렵습니다. 그런데 간혹 일정이 취소되거나 교통편을 기다리느라 시간적 공백이 생기기도 합니다. 이럴 때면 어김없이 카페에 들어갑니다. 일행과 떨어져 혼자 마시는 한잔의 커피는 마음에 여행 기분을 담뿍 안겨주기 때문이지요. 특히 많은 사람이 있는 곳이라면 기분은 살짝 더 들뜹니다. 시끌벅적 무리를 지어 담소를 나누는 친구, 둘이 앉아 속닥속닥 다정하게 얘기를 나누는 연인, 혼자 책을 읽거나 무언가를 들여다보는 사람들이 군데군데 다양합니다. 그들 가운데 타인으로 앉아있으면 어느덧 아늑한 안도감에 빠집니다. 이때 느끼는, 바쁜 일상을 벗어난 여행 중간지점에서의 공허함은 달콤하기까지 합니다. 관계에서 벗어난 가벼움, 잠시의 공백 상태가 주는 단절감이 흐뭇하게 다가옵니다. 그런데 이것도 잠시입니다. 이내 누군가가 머리에 떠오릅니다. 그러면 주섬주섬 오지 않은 전화기를 들고 통화목록을 살핍니다.

　걷는 사람에게는 갈 곳이 있습니다. 여행자에게는 목적지가 있고요. 그건 여행의 말미엔 필연적으로 떠나왔던 곳으로 돌아가게 된다는 것을 암시합니다. 여행이 즐거운 것은 돌아갈 곳이 있기 때문일 겁니다. 그런데 그뿐일까요? 생각해보면, 그곳이 모두에게 행복한 곳은 아닐 겁니다. 귀환에 '드디어'라는 수식이 붙으면 좋으련만, '결국'이란 단어와 한 문장이 된다면 얘기가 달라집니다. 우리는 생애 마지막에 '결국'은 가야 할 목적지를 알고 있습니다. 하지만 그 누구도 그곳에는 가지 않을 것처럼 살고 '드디어' 그곳에 간다고 좋아하지도 않습니다. 이렇게 생각해보면, 인간에게 갈 곳이 있다는 건 '축복'이기도 '한계'이기도 합니다.

우리춤은 움직임 사이사이에 '결국'을 드러내 '한계'를 좀 더 분명하게 합니다.

우리춤 대부분은 무대 가운데에서 시작됩니다. 혹여 측면이나 뒷면에서 시작할 때도, 무대 중심점은 언제나 염두에 두는 기준점입니다. 이때 무대 중심은 그저 사각형의 중심점이 아닙니다. 평형을 잡는 '구도의 가운데' 외에, 본연의 '자기 자신'과 같은 의미로도 쓰입니다. 태초에 내가 시작된 시점이고, 마땅히 돌아가야 할 공간으로 여겨집니다. 벗어나고 싶기도 하고 또는 그 자리에서 안온을 찾고도 싶은 고향 집터와도 같습니다.

<살풀이춤>의 서사는 중심에서 시작해 다시 그곳에서 마치는 여행과도 같습니다. 무대 가운데에서 시작한 춤은 사방으로 여러 차례 움직입니다. 하지만 다양한 동선은 이내 중심점으로 귀결됩니다. 몸이 중심에서 멀어지면 한계점을 인식하는 동작이 나옵니다. 이때의 동작은 머뭇거리거나 제자리를 맴도는 모양새를 띱니다. 그리고는 다시 중심점으로 돌아갑니다. 중심점에서 밖을 향할 때, 춤사위에는 적극적이고 의지적인 표현이 표출됩니다. 이때 힘차게 앞으로 추진하는 느낌을 강하게 냅니다. 하지만 이내 다시 중심점으로 물러나게 됩니다. 물러날 때의 춤사위는 뒷걸음이나 움츠리는 동작을 많이 쓰며, 한계에 순응하는 수동적 태도가 드러납니다. 이러한 동선과 움직임이 모여, 멀리 향할 때의 '의지'와 먼 곳에

서 맞닥뜨리는 '한계점' 그리고 이어지는 '순응'과 '회귀'를 나타냅니다. 이런 양태는 춤이 진행되는 동안 반복됩니다. 춤의 이런 순환반복은 감상자를 은연중에 삶의 근원적 숙제들로 이끕니다. 그래서 보는 이는 춤을 감상하면서 안온한 슬픔, 이해, 공감, 다독임 등의 감정을 만들게 됩니다.

하나 더 살펴보겠습니다. <춘앵전>에는 '연귀소(燕歸巢)'라는 부분이 있습니다. 춤의 마지막에 해당하는데, 제비가 집으로 돌아가듯 즐겁게 복귀하는 마음을 춥니다. 춤 형태는 뒷걸음질로 처음 춤이 시작했던 위치로 돌아가는 겁니다. 이때의 표정은 환하게 밝고, 어깨는 이전보다 더 많이 덩실거립니다. 춤을 추면서 매번 느끼는 건데, 마지막에 이르러서야 비로소 춘앵전이 하나의 여행이었음을 분명하게 압니다. 그리고 기원합니다. 다음번 춤을 출 때는 연귀소 돌아가는 마음에 부디 '결국'이 붙지 않길 말입니다.

아름다운 옷을 입고 곱게 화장을 한 후 정성 들여 움직이는 우리춤은, 고유의 동선에 얹혀 진행되며 이중적 감정을 드러냅니다. 드디어 집으로 향하는 '기쁨'과 결국 집으로 가야만 하는 '운명의 한계'를 동시에 발하는 거지요. 그래서 고우면서 슬픕니다.

옷이 날개

나는 연습복 차림을 좋아합니다. 웬만큼 차려입어야 하는 격식 있는 자리 외에는 노상 연습복을 입고 있습니다. 그렇다고 무심하게 아무것이나 걸치는 건 아닙니다. 두루두루 미에 신경 쓰는 멋쟁이로서(!) 그럴 수는 없습니다. 연습복 모양이 거기서 거기이니 보기엔 같아 보여도, 세심하게 고르는 것을 게을리하지는 않습니다. 아침마다 농을 열고 하는 혼자만의 고민이 있습니다. 그날 일정에 따라 특별한 것을 찾아 입는 것입니다. 다이어트 중이거나 몸태를 좀 많이 보아야 하는 연습 일정에는 불편하더라도 몸에 붙는 것을 입습니다. 준비 중인 작품에 따라 조금 풍성한 것을 집기도 하고, 겉옷을 덧입기도 합니다. 물론 액세서리도 나름 다르게 착용합니다. 이렇듯 남들에겐 모두 같아 보일지언정, 나만의 변화를 추구하는 이유가 있습니다. 춤을 추는 데 그날 몸에 걸친 옷이 참으로 중요하다고 생각하기 때문입니다.

옷이 날개라는 말이 있습니다. 괜한 말이 아니라 옷을 잘 갖춰 입으면 맵시가 뛰어나게 변해 사람이 달라 보입니다. 그런데 우리춤은 관용어로 쓰이는 이 '날개'라는 단어를 참말 날개로 만들어 버립니다. 몸 중앙에서 만들어낸 기운을 몸 바깥으로 보내며 옷을 붕 뜨게 만드는 것입니다. 왜 어릴 적 원피스를 입고 빙글빙글 돌면 치마 안이 바앙 뜨지 않던가요. 빨리 돌다가 어지러웠던 경험, 아마 있을 겁니다. 우리춤은 천천히 돌면서도 이것을 가능하게 합니다.

우리춤은 하단전에 힘을 채우고 발바닥을 디뎌 밀어내 그 힘을 사방으로 보내는 방식을 기본으로 합니다. 일종의 흐름을 중시하는 것입니다. 흐름 안에 있기에 몸과 몸 아님의 경계가 분명하게 서지 않습니다. 몸을 움직일 때, 호흡과 인식은 몸 끝 선에 머무르지 않고 무한한 확장을 지향합니다. 우리는 몸의 끝을 알고 있습니다. 꼬집으면 아픈 곳, 그곳이 몸의 끝이 아니면 어디겠습니까. 그러니 호흡이 몸 밖으로 확장된다는 등의 표현은 시적(詩的)으로만 들릴 수 있습니다. 그렇지만 춤을 추다 보면 그 확장이 분명히 보입니다. 춤을 추는 사람이 확장에 대한 인식을 분명히 하고 호흡과 몸의 사용 폭을 키우면, 몸을 두르는 옷은 몸의 확장을 보여주는 오브제 역할로 전환됩니다. 그래서 나타내고자 하는 춤 주제에 따라 비단, 삼베, 광목 등 다양한 소재의 옷을 입고 이를 이용해 표현을 확대하고 주제 전달을 명확하게 하는 데 사용합니다.

    질서정연한 미를 추구하는 정재를 살펴보겠습니다. 궁중에서 추었던 춤은 일반적으로, 치마저고리나 바지저고리 위에 겉옷을 입고, 머리에는 꽃을 꽂은 관을 쓰고, 손에는 한삼이라는 긴 소매를 착용합니다. 춤을 추는 동안 옷자락은 몸 주위에서, 꽃은 머리 위에서, 한삼은 손끝에서 하늘거립니다. 여러 명이 추는 군무에서 하늘거림은 서로를 연결합니다. 그래서 대형에 따라 여럿을 하나로 붙였다 떼어놓았다 반복하는 모양이 만들어집니다. 여럿이 따로 떨어져 추지만, 하나로 응집되기도 하고 따로 떨어지기도 하는 것입니다. 흡사 하나의 생명체가 움직이는 것 같습니다.

    옷의 중요성이 이러하니 춤을 관람하거나 평가할 때도 옷 사용은 큰 평가요인이 됩니다. 우리 옷은 겹쳐 입는 것이 미덕이고 겹의 미학으로 아름다움이 발전했습니다. 그래서 좋은 춤은 옷 사용기법이 뛰어납니다. 가끔 "겹쳐진 옷으로 인해 춤이 안 보인다"는 평을 듣곤 합니다. 이런 평가는 평가자의 자질을 의심하게 합니다. 전통춤을 평가하는데 몸에 붙는 타이즈를 입어야 한다는 의견에는 매번 할 말을 잃고 맙니다.

  춤 옷을 생각하자니, 남 탓 말고 내 탓이란 선인의 지당한 말씀이 귓가에 뱅뱅 돕니다. 춤을 잘 추면 옷이 더욱 빛나 보이고, 역량이 미달이면 가랑이 사이로 옷자락이 감겨 옷에 치이기 때문입니다. 나 자신을 보면 무조건 옷만 타박할 일이 아니다 싶어집니다.

물성

 물성(物性)은 물질 자체가 갖는 고유한 물리적 성질을 말합니다. 우리 춤은 다양한 소품을 들고 추기 때문에 물성을 익히면 움직임에 득이 됩니다. 그래서 소품 등의 물성은 반드시 살펴야 할 부분입니다.

 우리춤은 단전에 힘을 모아 바깥으로 에너지를 보내는 방식을 씁니다. 몸을 선풍기나 발전기와 같이 만드는 것입니다. 그러니 몸 끝단인 손, 머리, 발에 닿는 물건이 어떤 물성을 지녔는지가 매우 중요합니다. 사용되는 물건에 따라 몸 에너지를 어떻게 분별해 쓸 것인지 결정되기 때문입니다. 각 작품 주제에 맞게, 사용되는 종류에 따라, 각기 몸 사용방식이 정해집니다. 그래서 같은 음악을 사용해도 소품에 따라 몸 움직임이 변화합니다. 각기 춤마다 부채, 수건, 칼, 방울, 막대기 등 다양한 소품이 사용됩니다. 게다가 악기를 연주하는 춤도 여럿이어서 다양한 연주를 위한 악기 채도 사용합니다.

 소품은 재질별로 대략, 나무, 금속, 가죽, 천 등이 사용됩니다. 나무 재질로는 부채, 장고채, 북채, 장삼채, 한삼채, 보등, 연화, 초롱 등이 있습니다. 금속 재질로는 칼, 장검, 방울 등이 있습니다. 가죽 재질로는 악기채, 슈즈 등이고, 천 재질로는 한삼, 장삼, 수건, 버선 등입니다. 이러한 소품은 춤 주제에 따라 크기가 다르고 때에 따라서 다양하게 재질을 섞어 만들기도 합니다.

 소품사용을 언급하면 유럽미술에서 시작된 오브제(Objet)를 떠올리기 쉽습니다. 오브제는 물체를 말하는 Object에서 시작해 하나의 개념어가 되었습니다. 미술계에서 행위예술을 시작하면서, 물건에 일종의 의미를 부여했었습니다. 물체에 새로운 시적 언어를 부여해 본래 용도에서 떼어내고, 이를 보는 이의 잠재적 욕망과 환상에 연결하는 데 사용했지요.

우리춤의 소품에 이 같은 의미 부여가 전혀 없는 것은 아닙니다. 그러나 이런 방식에 지향성을 띠지 않아, 중요개념으로 사용되지는 않습니다. 우리춤 소품은 오브제의 역할보다는 춤추는 이와의 소통을 중요하게 여깁니다. 소품을 사용함에 있어 제 몸처럼 여겨, 일방적인 사용의 의미나 이미지 부여보다, 원활한 소통의 의미를 추구합니다. 이를 통해 역행하지 않는, 자연과 합일되는 양상을 보이고자 합니다. 그래서 물성의 이해는 춤 이해에 주요한 부분을 차지한다고 할 수 있습니다.

칼을 들고 추는데 수건을 들고 추듯 몸을 쓴다면? 말해 뭐하겠습니까. 다칩니다.

나의 전통

뭘 보고 전통이라고 하는 걸까요? 일반적으로, 한 세대를 삼십 년으로 잡고 그게 세 번쯤 반복된, 백 년 정도가 지나면 전통으로 인정된다고 합니다. 그렇죠, 그렇게 오랜 시간이 흐른 후에 남은 것들은 분명 후대에 많은 영향을 줄 것입니다. 오래 남아있다는 것만으로도 큰 가치를 지닐 테니 말이죠. 반면, 시간의 흐름만으로 섣불리 전통이라 규정할 수 없는 면도 존재합니다. 여기서 말하고자 하는 건, 우리 문화의 특이성으로, '개화기'라는 파격적 변화를 겪었으며 이후 변화가 점층적으로 확장되어, 오늘날에 이르렀다는 것입니다. 그래서 '개화기의 서구 문화로의 변화'를 분기점으로 여겨 고려해야 한다는 점입니다.

에드워드 사이드는 『오리엔탈리즘』에서 서양의 동양 규정 그리고 오해와 편견 등을 주창했습니다. '극동(Far East)'이라는 표현 자체가 서구문화를 중심으로 한 재단이라는 사실은 많은 걸 시사합니다. 지구는 둥근데 동쪽의 맨 끝이라니요. 우리의 과거에 대해 살필 때 사이드의 이런 주장을 귀담아들어야 하는 것은, 우리가 20세기 초 세계질서 재편으로 인한 수동적 변화를 크게 겪은 사회이기 때문입니다.

서구의 전통은 현대와 괴리되어 있지 않습니다. 그들의 현대에는 전통이 그대로 살아 흐릅니다. 유럽의 거리를 생각해보시지요. 오래전 만들어진 건물과 기념물 그리고 조각상은 바로 그 자리에 복원되어, 진화하는 현대 건축물들은 이런 과거와 키 맞춤을 합니다. 입는 옷, 먹는 음식 또한 이와 다르지 않습니다. 그래서 결과적으로 그들의 현재는 과거와 등을 지고 있지 않습니다.

　우리는 어떤가요? 급격한 서구화로 과거 특성은 희미해졌습니다. 이전 공간은 서구화된 공간으로 탈바꿈하였고, 그 안에서 먹거리, 입을 거리는 물론 쓰는 시간개념까지 저들 스타일로 변했습니다. 청국장에서는 고유의 향을 빼고, 김치보다 샐러드에 익숙해져 갑니다. 한복 저고리는 일상복이 아니어서 궁이나 광화문 광장에서 한복은 코스플레이(Cosplay, Costume play)의 대상입니다. 한옥 처마와 지붕은 관광지에서나 보는 것으로 인식되니 삼청동, 통인동 골목의 한옥은 이제 사는 곳이라기보다 구경거리로 여겨집니다. 이젠 '저녁녘'이나 '퇴근 무렵' 등으로 약속 시간을 잡지 않고 세계표준시에 1분 1초를 맞춥니다. 이런 특징들은 아시아 국가 중 산업화의 성공 가도를 달린 국가일수록 도드라지고, 그 선두에 우리가 있습니다. 물론 이런 변화의 장점을 부정하는 것은 아닙니다. 현대 산업사회에서 이런 변화는 오히려 장점이 많다고 평가할 수 있습니다. 단, 개체성, 독창성, 다양성 측면의 발전을 미루어 볼 때, 변화 이전을 돌아보지 않는 건 너무도 아쉽습니다. 다행히 전통사회 막바지의 서적, 영상, 사진, 오디오 등 기록물이 남아있어 이전 시기의 특성을 유추하는 데 도움을 줍니다. 하지만 이 기록들이 전통의 모든 것을 말하지는 않습니다. 그래서 이를 살펴 재단하고 복원하는 가운데, 상상의 여지를 남겨두어야 합니다. 그래야 주체적인 시선을 담대하게 지켜내며 유연한 멋스러움을 유지할 수 있을 것입니다.

　'저들'이 재단한 모양에 나를 맞출 필요가 있을까요? 누가 뭐라든, 어떻게 자르고, 붙이고, 명명하든, 내가 스스로의 모습을 바로 보고 자신의 스타일로 만들어내야 합니다. 그럴 때 진정한 내가 설 수 있습니다. 지금의 난 예전의 그들과 다르다며 선을 긋는다고 더 나은 내가 되진 않겠지요. 과거를 바로 대면하고 그 연장선에 선 나를 명확하게 인식할 때, 지나온 긴 시간은 오롯한 내 것이 됩니다. 나는 나일 때 비로소 아름답습니다.

'옛날 옛적'에는 연이낭자, 춘향이, 심청이가 살고 있습니다. 정겨운 우리 누이들을 근사하게 살려내는 일은, 옛날 옛적 그들을 거기에 그대로 두고, 있는 대로 보아주는 건지도 모릅니다. 서양 동화에 우리 누이들을 견주는 일, 암만 생각해도 별로입니다.

멋진 현대적 공간 안에 스며든 오래된 장롱을 본 적이 있습니다. 그 멋스러움이라니. 전혀 시차의 껄끄러움이 느껴지지 않았고 오히려 미니멀한 감각이 느껴졌습니다. 안목, 이런 거 아닐까요? 시차(時差)가 무색(無色)합니다. 우리가 전통을 경외(敬畏)하는 이유입니다.

옛 춤은 없습니다. 그 당시의 '지금 춤'이 있을 뿐입니다. 우리 할머니 할아버지, 지금까지 남겨질 춤을 추었던 그들은 당대 젊은이였습니다. 그 멋쟁이들은 뭘 얘기하고자 했을까요? 그들이 남겨놓은 춤에서 표현하고자 했던 '좋음'이 있습니다. 이 시간, 그 옛날 춤을 중심에 놓은 사람들이 있습니다. 그 좋음을 가지고 연구하는 사람들입니다. 나도 그중 하나로, 되도록 옛 춤 형태를 그대로 유지하고자 하며, 동시에 그 안에서 발전을 꾀합니다. 어떻게 이게 동시에 가능할까요? 혹시 이들의 목적은 옛것을 복사하고 답습하는 데 있는 것일까요?

무대 위에서 피아니스트 조성진이 쇼팽(Chopin)의 녹턴(Nocturne)을 연주합니다. 지그시 눈을 감기도 하고 눈썹을 끌어올리기도 하며 집중하는 그의 연주는 귀뿐 아니라 눈까지 만족스럽게 합니다. 저 집중은 쇼팽을 복사하는 것일까요, 아니면 자신의 세계를 나타내는 걸까요? 나는 쇼팽을 듣는 걸까요, 아니면 조성진을 듣는 걸까요? 아마 피아니스트는 곡에 자신을 얹어 표현하는 것이리라 생각합니다. 예술가에게 전해진 악보는 복사의 대상이 아니라 표현의 틀일 테니 말이지요. 나는 녹턴을 통해 조성진을 듣습니다.

 녹턴을 통해 듣는 조성진의 세계같이, 오래된 작품을 풀어내는 현대적 감각을 전통예술에서 찾을 수 있습니다. 바로 사군자를 그리는, 민요를 부르는, 우리춤을 추는 마음에 담겨 있습니다. 춤을 만들고 추었던 옛 방식을 찾아 습득하고는 이후, 자신의 세계를 입힙니다. 옛 춤이라고요? 아니요! 매일 매일의 오늘 춤입니다.

접속

　글, 노래, 춤 등으로 자신을 표현하는 건 아름답고 건강한 일입니다. 요즘 티브이 채널을 돌리다 보면 노래자랑 프로그램이 하나씩은 보입니다. 장르를 막론한 다양한 형식의 경연대회입니다. 시즌제로 구성되는 프로그램은 초반부터 후반을 향해 점차 진화하는데, 매회 등장하는 참신함에 홍보영상에서부터 기다려집니다. 출연자들이 어쩌면 그리들 잘하는지 볼 때마다 혀를 내두릅니다.

　나에게 있어 전체 시즌 중 가장 흥미로운 부분은 경연의 초반부입니다. 역량 차이가 큰 다양한 출전자가 두루 섞여 경연을 펼치니, 그야말로 강호에 펼쳐지는 재주꾼들의 다양성을 볼 수 있기 때문입니다. 초반부 무대에는 초발심의 의욕과 그에 반해서 부족한 확신이 공존합니다. 이때 자연스레 드러나는 가녀린 떨림이 무척 매력적입니다. 또 어떻게 하면 조금이나마 경쟁자 중 앞으로 나서려나 연구해온 계획의 불꽃 또한 무척 흥미진진합니다. 그러나 발상이 아무리 좋아도 노래자랑의 메인은 노래입니다. 심사위원의 선택을 받은 노래를 들어 보면 공통점이 보입니다. 자신만의 개성을 자랑하기보다 정확한 음들을 찾고 리듬의 길을 따라 흐르는 노래가 돋보입니다. 이렇듯 노래를 잘하려면, 귀가 밝아야 합니다. 귀를 열고 음을 잘 들어야만 노래를 잘할 수 있습니다. 정확하게 듣는 것은 정확하게 부르는 것으로 이어집니다. 게다가 내가 노래를 너무 열심히만 하면 반주음악을 들을 수 없지 않던가요. 잘 들어 정확하게 부를 줄 알아야 변형도 자유로워지고 새로워집니다.

춤추는 이를 생각해봅니다. 조명, 배경, 소품 모두 지우고 오직 춤추는 이의 몸에 집중합니다. 온몸의 세포를 일으켜 세워 털끝 하나까지도 세상 에너지와 접속하려 합니다. 한 줄의 선율을 그리기 위해 최대한 쓰는 용은, 발산보다는 받아들임을 우선합니다. 몸 밖 에너지를 최대한 자신의 몸 안으로 흡수해, 결국 한 줄 자신만의 호흡을 뽑아냅니다. 이때 춤을 추는 이는 자신을 열고 밖과 소통하려 합니다. 귀를 열고 음악을 몸 안으로 들여옵니다. 폐를 활짝 열고 호흡하며 몸 안과 허공의 공기를 하나로 만듭니다.

우리춤 공연을 관람할 때면, 무대 위에서 흉내에만 몰두하여 형상만을 그리려 노력하는 이를 볼 때가 있습니다. 집중하지만 흡사 무언가 하나를 빠트린 형국입니다. 아마도 마음은 있는데 방법을 모르는 게 아닐까 싶습니다. 우리춤에서는 형상에 집중하면 깊이를 표현하지 못합니다. 만들어지거나 꾸며진 모습은 따라하기만으로도 가능하지만, 두께를 드러내진 못하기 때문입니다. 반면 깊이는 자연스레 다양한 모양을 드러냅니다. 우리춤은 깊어지지 않고 만들어진 형상의 힘없음을 알고 있습니다. 흉내 내는 것은 우리춤의 진실이 못됩니다. 들을 줄 알아야 노래하듯이, 깊이에서 나오는 움직임을 볼 줄 모르고서 스승과 같은 춤사위를 만들기는 어렵습니다. 깊이는 밖의 에너지를 들여와야 생깁니다. 그래서 다양하게 보아야 합니다. 눈으로 보고, 귀로 들어보고, 촉각으로 느껴도 보아야 합니다. 다양하게 접속해야 합니다. 그렇게 해서 보는 눈을 키워야 합니다.

예술세계에는 정말이지 다양한 너비와 깊이의 각기 다른 눈이 존재합니다. 폭이 넓어진 눈은 시간이 지남에 따라 깊어집니다. 깊어진 눈은 매 깊이에 맞춰 또 다르게 초점을 맞춥니다. 이처럼 매번 다양해지는 초점을 갖는 건 성장입니다. 그리고 지나간 지점의 초점을 버리는 것 또한 그렇습니다. 환기된 접속은 매번 새로운 초점을 만듭니다.

음악 맞추기

우리춤을 배우는 분들에게서 가장 많이 듣는 질문 중 하나가 "몸을 음악에 어떻게 맞추나요?"입니다. 이게 무슨 소리인가 할 겁니다. 춤을 출 때면 흐르는 음악에 몸을 맡기면 되는 것 아닌가 싶을 테니까요. 하지만 우리춤은 유독 음악과의 조화가 중요하게 여겨지며, 여기에 독특한 특징이 있습니다. 우리음악의 중심에는 '장단'이라고 하는 음악을 구성하는 큰 틀이 있습니다. 그래서 춤을 추는 데 있어 큰 틀인 장단을 염두에 두는 것에서 시작해야 합니다.

박자를 사용하는 방식부터 살펴보겠습니다. 빠른 음악에는 일상에서 자주 만나는 이분박(二分拍) 개념으로 움직이면 됩니다. 딴따 딴따, 심장이 뛰듯이 두 박으로 그렇게요. 그런데 일반적으로 사용되는 우리 음악은 삼분박(三分拍)을 기본으로 삼습니다. 딴따딴 딴따딴, 둥글둥글 도는 느낌으로 박을 셉니다. 빠른 음악에 추는 춤은 삼분박에 너무 신경 쓰지 않아도 되지만, 문제는 '보허자', '진양조', '염불' 등 이름부터 생소한 장단을 사용하는 경우입니다. 이 음악들은 상대적으로 느립니다. 그래서 박과 박 사이의 길이가 깁니다. 음악에 맞춰 몸을 움직일 때면, 박과 박 사이 그 긴 간격을 어찌 메울지 난감합니다. 그래서 처음 춤을 배울 때면 들리는 박자에만 움직이고 박과 박 사이에는 동작을 멈추고 맙니다. 이럴 때의 해결책은 삼분박으로 마지막까지 호흡을 채우는 겁니다. 그러면 움직임에 리듬이 만들어집니다.

장단을 사용하는 방식을 좀 더 세부적으로 살펴보겠습니다. 먼저 장단의 전체 '꼴'을 외웁니다. 예를 들어, '진양조'라는 장단은 6박인데, 장구나 북으로 연주하는 기본형을 외우는 겁니다. 다음으로 중요하게 생각할 것은, 비정형(非定型) 박자 사용을 염두에 두는 겁니다. 쉽게 말해 메트로놈 개념에 너무 의지하지 않는 겁니다. 우리 음악은 비정형박을 쓰는 경우가 더러 있습니다. 비정형박은, 메트로놈이 정확하게 떨어지는 정형박이 아닌, 자율성을 갖는 박자 사용을 말합니다. <일무>에 쓰이는 '종묘제례악'은 악곡이 아예 비정형의 구조이고, <처용무>에 사용되는 '수제천'은 20박의 정형박이지만 그 안에 자율성이 많아 박자의 정형성에 의존하면 안 됩니다. '진양조', '굿거리' 등 여타 정형박을 쓰는 경우에도 마찬가지입니다. 이는 '장단(長短)'이 길고 짧은 호흡 위주의 박자를 기본으로 삼기 때문입니다. 장단은 단어가 함의하듯이 길고 짧은 호흡을 중심으로 하기에 자율성이 내포되어 있습니다. 장단은 타악기인 장고나 북 등으로 박자(tempo)를 제시하고 음악의 중심을 잡습니다. 장단을 중심으로 다양한 선율이 함께 합니다. 이때 선율 흐름이 박자에 약간씩 영향을 주기도 합니다. 일정 한도 내에서, 전체 속도도 변형을 보이고 연주 중간에 달라지는 경우도 생기는 거지요. 물론, 이런 장단의 속도 변화는 각 장단의 정해진 꼴 안에서 가능합니다. 장단은 밭에 씨를 뿌리기 전, 평평한 땅에 이랑과 고랑을 내는 것과 같습니다. 농사의 기본 작업인 이랑고랑 내기는, 이후 그 위에 무성하게 숲이 이루어져 보이지 않게 되더라도, 변형되지 않게 하는 기본 토대입니다. 장단은 이같이 그 위에 수많은 리듬이 얹혀도 변치 않는 굳건한 규격이 됩니다. 다만 그 위, 호흡이라는 한계 안에서 자율성이 허용되는 겁니다. 뼈대를 중심으로 움직이는 생물 같지요.

이런 장단 내 자율성은 서양음악에 익숙한 경우, 이해도 실행도 쉽지 않습니다. 때문에 우리 음악만의 공감대 아래 많은 수련이 필요한 부분이라 할 수 있습니다.

초보자는 녹음한 음악에 맞춰 춤을 출 때 수월해 합니다. 동작을 외워 음악에 맞추면 되니까요. 그러나 실제로 연주하는 곡에 춤을 추는 경우가 생기면, 난감하고 어려워합니다. 이에 반해, 경험이 많은 춤꾼은 오히려 녹음음악보다 현장 연주를 더 편하게 생각합니다. 우리 음악만의 흐름을 알고 있기 때문입니다. 그럼 이 춤꾼들은 자율성으로 인해 다분히 변형 가능한 음악의 흐름을 어떻게 알고 연주와 함께 춤을 진행하는 걸까요? 피아노 악보(a music score)를 보는 것과 비슷하다고 하면 어떨까 합니다. 눈이 먼저 악보를 읽고 이어 제 박자에 건반을 두드리듯이, 인식이 먼저 장단과 음악 구성을 읽고 동작을 준비합니다. 그러려면 동작뿐 아니라 음악 구성 등 전반적인 내용을 섭렵해야 하겠지요.

이제 춤이 시작됩니다. 악사석엔 연주자들이 준비하고 있습니다. 장구 연주자는 두 팔을 들어 장단을 칠 준비를 하고, 피리 연주자는 들숨을 모아 김을 불어 넣을 준비를, 거문고 연주자는 술대를 들어 줄을 칠 준비를 합니다. 드디어 첫 박, 연주자 악기에서 소리가 나오고 이때 춤을 추는 이의 발도 척, 디뎌집니다. 그러니 첫발을 딛는 사람이 집중해야 할 것은, 연주자의 호흡과 동작의 '준비'입니다. 장단 연주자의 드는 팔에, 피리 연주자의 들숨에, 거문고 연주자의 들린 술대에 몸을 맞춥니다. 하나 먼저 시작합니다.

청천하늘에 수심도 많다.

나는 어릴 적 전라도의 한 소도시에서 자랐습니다. 내가 살았던 곳은 도시화가 완연하게 이루어진 곳이었습니다. 하지만 필연인지 우연인지 그곳 생활 속에서 국악을 자연스럽게 접할 수 있었습니다. 집안끼리 가까운 이웃에 국악을 하는 누님들이 계셔서, 북이나 가야금 등을 거리감 없이 가깝게 느끼며 자랐습니다. 이뿐 아니라, 당시 그곳은 생활 저변에 국악이 자연스럽게 깔려있었다고 생각됩니다. 설날이나 대보름이면 풍물패가 동네를 돌며 기금을 모았고, 매년 추석 즈음이면 시민회관에서 국악 공연을 했습니다. 또한 몇 번의 아버지 생신날 치마저고리 입은 분들이 와서 판소리 하는 걸 듣기도 했습니다. 이런 어릴 적 국악과 관련한 기억에 <진도아리랑>은 빼놓을 수 없는 레퍼토리입니다. 기억에선 가물거리지만, 아마 처음 배웠던 국악풍 노래도 이 노래였지 않을까 싶습니다.

청천 하늘엔 잔별도 많고
우리네 가슴 속엔 수심도 많다.
아리 아리랑 쓰리 쓰리랑 ……

당시 들었던 이 대목이 특히 좋았습니다. 맑은 하늘 수많은 별처럼 가슴에는 수심이 가득하다니. 마치 노랫말이 소년 가슴에 스며와, 저녁놀 앞에 서면 뱃속에서 일렁이던 울적함을 위로해 주는 거 같았습니다.
이제 성장해서 전문 무대에서 일하게 된 나는, 평소 많은 명창과 함께 일을 합니다. 그래서 공연에서 <진도아리랑>을 듣는 일이 잦습니다. 한 번은 대기실에서 내 순서를 기다리노라니 무대에서 이 노래가 한참이었습니다. 흥얼흥얼 따라 부르다가 순간 어색함이 느껴졌습니다. "우리네 가슴 속에 희망도 많다." 어릴 적 들었을 때 '수심'이었던 가사가 '희망'으로 변경되어 있었습니다. '음, 뭔가 건설적이고 건강한 느낌이야.' 하지만 조금 실망스럽기도 했습니다. 내겐 이전의 그 노래가 아니었기 때문입니다. 내게 위로되던 노랫말의 위력에 맥이 빠진 겁니다. '이건 아무래도 허전하다.'

<청천 하늘엔 잔별도 많다>, 김용택

(상략)
내가 벌써 왜 이런다냐
온몸에 힘이 쏙 빠져나가고
저 앞산이 넘어져와
내 몸을 누르는 것같이
내 몸이 왜 이렇게 무겁다냐
아고 내가 벌써 왜 이런다냐
마루에 드러누우며
청천 하늘엔 잔별도 많구나
청천 하늘엔 잔별도 많구나
마른 풀잎같이 몸을 부리는

예순한 살 우리 어머니.

『그리운 꽃편지』, 풀빛, 1989

한을 흥으로 접어낸 어머니의 콧노래가 들리는 듯합니다. 마른 풀잎 같은 어머니 노래가 어깨를 누르던 삶의 무게를 가붓하게 합니다. 나이 듦의 수심을 대하는 마음이 의젓합니다. 반짝이는 잠시를 위로 삼는 그분의 마음, 어른이십니다.

우리는 물질적으로 편안한 현대사회를 삽니다. 그리고 상대적으로 궁색했던 과거를 어려움의 시간, 한의 시간으로 지정합니다. 일편 맞기도 하지만 글쎄, 과거보다 오늘의 우리가 쉬운 시간, 흥의 시간을 살고 있다는 건 명백한가요? 안타까운 현실은 여러 모습으로 드러납니다. 한강 다리 난간의 응원 글들은, 거기에 서 있을 사람이 늘어남을 말하는 걸 겁니다. 무수한 익명의 댓글은, 외로운 영혼이 늘어나는 증거일 테고요. 이런 우리 사회의 힘듦은, 한과 한풀이에 대해 다시 생각하게 합니다. 우린 국제적으로도 유명한 화병(火病)의 종주국 아니던가요. 그럼 무언가 이에 대처하는 독특한 방법이 있었던 것은 아닐까요? 현대를 사는 우리가 혹시 마음을 달랠 장치를 잃은 것은 아닐까, 그 답을 우리네 방식에서 찾을 길은 없는 것일까, 고심해 봅니다.

고금을 막론하고 울적한 예술은 울적한 마음을 위로하는 특효약이 됩니다. 우울할 때면 빠른 비트의 흥겨운 노래보다 슬픈 느낌의 음악이 더 도움이 된다는 연구 결과도 있지 않던가 말입니다. 우리춤은 아무리 빠르고 흥겨운 모습을 가졌어도 <진도아리랑> 가사처럼 슬픔이 묻어나는 구석이 있습니다. 고제(古制)라고 할만한 좀 더 오래된 춤을 보면, 진한 감흥을 더욱더 느낄 수 있지요. 이런 특징을 보면, 우리 전통예술은 한을 가지고 놀았다고 할 수 있습니다. 그렇다면 슬픔을 살풀이춤 한 가락으로 달랠 수 있을지 모릅니다. 분명 그럴 겁니다. 내 경험은 이를 장담합니다.

우리춤은 슬픔을 직시하라고 말합니다. 옆으로 돌려세워 외면하지 말고, 대면하라고 합니다. 슬픔도, 한도 자신의 한 부분이라고. 그러니 두려워 말고 대화하면 답을 찾는다고 말입니다.

일어나

　흥(興)은 가라앉은 것이 일어난다, 바닥의 것을 일으켜 세운다는 의미를 갖습니다. 우리 조상들은 예술 행위를 통해 한을 흥으로 일으켜 세웠습니다. 그리고 살아가야 할 힘을 만들었습니다. 죽은 이를 위한 진혼굿이, 진도 다시래기가, 살풀이춤이 그렇습니다. 이 행위들은 실상 산자를 위한 위로입니다. 한과 슬픔으로 가라앉은 사람들을 흥으로 일으켜 세운 겁니다.

　한과 흥은 해와 달만큼이나 서로 상충하는 개념입니다. 우리 선조들은 이렇듯 서로 반대되는 개념을 어떻게 활용했을까요? 한반도는 오랜 세월 불교문화와 떼려야 뗄 수 없는 관계를 맺어왔습니다. 불교문화는 우리 문화 형성에 주요한 영향을 미쳤지요. 분명 멀리서 온 불교문화가 우리네 곁에서 오래 머물며 새로운 무엇인가를 잉태했을 것입니다. 그러니 불가에서 실마리를 얻어보겠습니다. 우리의 한에 등위하는 것을 불가에서 꼽자면 고(苦)를 떠올릴 수 있고, 흥에 속하는 것은 락(樂)이라 할 수 있을 것입니다. 고는 쓰고 괴로운 것을 의미합니다. 인간은 이 쓰고 괴로운 시간을 피하고자 합니다. 그래서 괴로움 대신 즐거움을 내세웁니다. 그런데 부처는 이런 생각이 어리석다고 말씀하셨습니다. 괴로움을 즐거움으로 치환할 수 없다고 가르치셨지요. 부처는 고를 고락(苦樂) 자체로 보아서, 괴로움과 즐거움은 하나라고 말했습니다. 그리고 이를 아예 뛰어넘는 해탈(解脫)을 추구합니다. 불교에서는 사람의 감각기관을 육근(六根)이라 부릅니다. 눈, 귀, 코, 혀, 몸, 뜻에 일어나는 경계(警戒)를 말합니다. 이 경계에 일어나는 재물욕, 성욕, 식욕, 명예욕, 수면욕 등을 오욕락(五欲樂)이라 합니다. 이 욕구를 모두 고로 여깁니다. 감각적 즐거움을 소금물과 같이 보아서, 이것들을 결국 삶에서 겪어야 하는 고통 중 하나로 본 것입니다. 식욕을 예로 살펴보겠습니다. 나는 항상 음식을 먹을 때면 '그만'이라는 제동장치를 잊고 맙니다. 그리곤 곧 배가 불러 죽을 것 같은 지경에 이릅니다. 이런 습성은 생략되는 법 없이 하루에도 두세 번을 반복해 등장하곤 합니다. 나는 이런 어리석은 상황을 매일같이 돌고 도느라 더 높은 차원 같은 건 추구할 새가 없습니다. 그야말로 고락의 수레바퀴를 돌리는 딱한 처지인 겁니다.

인간사 고락이 이와 같기에 한을 한만으로 얘기하면 안 될 것입니다. 한과 흥은 동전과 종이의 앞 뒷면 같이 동시에 이해되어야 합니다. 명징한 경계 나누기는 찰나에 불과합니다. 언제든 둘이 서로 교차하며 존재를 이어갑니다. 한은 흥의 앞면에 묻어있고, 흥은 한의 뒷면에 위치합니다.

우리춤은 이러한 한과 흥의 관계를 바탕으로 합니다. 아무리 슬픈 표현이 주된 부분이라도 절제와 리듬감이 공존합니다. 그리고 아무리 활발하고 흥겨운 움직임이 주된 춤일지라도 꼬리에는 슬픔의 정서가 남아 흐르지요. '저정거린다'는 표현이 있습니다. "장단을 타고 저정거리믄서 놀아야 맛이 나제이. 아무리 장단이 빨라도 그 안에서 저정거려야 되는 거시여." 스승 말씀이 생생합니다. '저정거린다'는 말은, 박과 박 사이에서 리듬을 타되, 숨구멍을 터 여유를 가져야 함을 말합니다. 저정거림은 한번이 아니라 여러 번 반복됩니다, 꿀렁꿀렁처럼요. 반복되면서 독특한 느낌을 자아냅니다. 춤을 연마해 일정 수준에 도달하게 되면, 여유라 할 숨구멍이 생깁니다. 여유가 주는 편안함은 반복됩니다. 반복되는 편안함 사이, 특유의 느낌이 도드라집니다. 달콤한 수정과에서 피어나는 쌉쌀한 계피 향같이 슬픈 정서가 피어납니다. 춤 사이 여유는 숨구멍이 됩니다. 숨구멍을 통해 슬픔을 대면합니다. 춤과 추는 이, 추는 이와 보는 이 사이, 이들이 나누는 춤에 묻은 슬픔은 공감이 되고, 위로가 됩니다. 이 느낌은 우리춤을 특별하게 합니다.

생각지 않았던 일이 생겨 경황이 없을 때, 돌아서 물 한 잔 벌컥벌컥 마시면 좀 나아집니다. 휴, 한숨 돌립니다. 그게 뭐 해결이겠나 싶지만, 세상에 완전하게 해결할 방법은 없지 않은가요? 잠시 쉬며 지혜의 길을 찾습니다. 잠시 쉬는 그 시간, 들이켠 물 한잔, 흥입니다.

마지막 잔치

할머니를 추억하면, 거하게 베풀어 주셨던 마지막 잔치가 생각납니다. 꽃상여를 타고 멀리 떠나신 그날, 소년은 장례가 행해졌던 삼일의 추억을, 마음에 서글픔으로 아로새겼습니다. 그런데 그날을 돌이켜보면, 슬픔만이 있었던 것이 아닙니다. 빈소 옆, 뒤뜰에서는 동네 어르신들이 음식을 장만하며 웃음소리 섞인 수다로 왁자지껄했습니다. 집안 어른이신 숙모님은 빈소에서 슬피 곡을 하다가도, 부엌으로 들어가서는 이것저것 거들며 농담으로 웃고 떠드셨습니다. 이 어수선함이 이상스러웠습니다. 어린 마음에 그 웃음소리들이 참 야속했습니다. '오늘은 집안의 슬픈 날이지 않은가. 그럼 무언가 더 가라앉고 적막해야 할 텐데, 저분들은 왜 저러지?' 눈을 슬며시 흘기며, 괜스레 아랫목 병풍 뒤에 누워 계신 할머니 쪽을 바라보며 죄송스러웠습니다.

그때 마음을 생각하니 웃음이 번집니다. 그것이 우리 방식이라는 것을 이제는 알기 때문입니다. 떠나보내는 통과의례는, 슬픔을 웃음으로 받으며 고인의 여행을 축복하고 남은 가족을 위로하는, 하나의 잔치라는 것을 말입니다.

사랑하는 이를 떠나보내는 장례는 슬플 수밖에 없는 이별 의식입니다만, 우리네 방식은 슬픔에만 젖어있지 않고 잔치로 탈바꿈시킵니다. 이웃은 웃음을 보내며 서운함을 떨치게 하고, 즐거움을 나누며 남겨진 유족을 슬픔에서 건져냅니다. 그리고 살아야 할 이유와 방향을 제시합니다.

이런 독특함은 우리 문화 특징인 '판'에 담겨 있습니다. 판은 여럿이 함께 하는 우리의 공동체적 문화 특성을 말합니다. 판이란 '마당' 등과 비슷하게 쓰이며, 함께하는 자리나 장면을 의미합니다. 사람들은 여럿이 함께 모여, 서로의 처지를 객관적으로 보고 이해하며 쓰다듬고, 결국 이를 뛰어넘습니다.

우리 예술 행위에는 이 뛰어넘는 과정에 '추임새'가 사용됩니다. 추임새는 관객 몫입니다. 객석에 앉은 관객은 조용히 감상만 하는 것이 아닙니다. 무대 진행에 따라 응원, 공감, 칭찬의 마음을 담아 감탄사를 내뱉습니다. 무대행위는 객석으로 흘러 감동이 됩니다. 그러면 객석에선 감동을 추임새로 바꿔, 다시 무대로 던집니다. 그러니 추임새는 흥겨운 장면에만 나오는 게 아닙니다. 슬픈, 억울한, 비장한 장면에서도 쏟아집니다. 다양한 감정이 흥으로 승화되어 한 단어로 토해집니다.

"얼씨구" "좋다" "하먼" "그렇지" "암만" "기여"

옛말에 '일고수 이명창'이라는 말이 있습니다. 이 말은, 고수가 먼저이고 그다음이 명창이라는 뜻으로, 판소리 무대에서 반주자가 노래하는 명창만큼이나 중요하다고, 고수를 추키는 말입니다. 고수는 반주자 역할에만 국한된 사람이 아닙니다. 고수에게는 판을 이끌어가는 주도적인 예술가로서의 역량이 더 중요하게 여겨집니다. 이에 더해, 예술의 조력자로서 관객이 또한 중요하게 여겨집니다. 고(故) 김득수 선생은 '일청중, 이고수, 삼명창'이라 했습니다. 청중의 중요성을 설파한 겁니다. 그러나 아무나 일청중의 영애를 안지는 못합니다. 관객 '수준'이 매우 중요하기 때문이지요. 추임새는 연행 중간에 리듬을 잘 타고 들어가야 합니다. 그래서 추임새의 가미에 따라 예술 행위의 판도가 달라지기도 합니다. 이렇듯 관객은 공연의 질을 담보한다고 할 수 있습니다. 그러니 좋은 공연에는 보는 눈, 듣는 귀가 밝은 관객이 꼭 필요합니다. 이들을 '귀명창, 눈명창'이라 칭합니다. 무대에는 서지 않지만 깊은 곳까지 이해하고 즐길 줄 아는 이를 가리킵니다. 나에게는 매번 공연에 와주십사 초청하는 음악가가 계십니다. 그분은 내 춤을 애정으로 봐주면서도, 어찌나 요소요소에 알심(알아주는 마음) 있게 추임새를 넣어주는지 모릅니다. 그분이 객석에 있다면, 시원한 카페인 음료 한 병이 앉은 듯해, 든든해 마지않습니다.

발레, 오페라나 오케스트라 무대에서는 상상할 수 없는 이런 관객의 직접적 개입은, 춤을 추는 사람의 즉흥성을 유도합니다. 추임새가 들리면 춤을 추는 사람은 추임새에 화답하듯, 평상시에 잘 드러나지 않는 기량을 드러냅니다. 이 과정을 통해 무대 위와 객석의 벽은 허물어지고 하나가 됩니다. 무대 위도, 객석도, 마음속 슬픔은 흥으로 승화됩니다. 슬픔은 순간 아무것도 아닌 것이 되고 맙니다. 잠시나마 모든 걸 훌쩍 뛰어넘습니다.

현재 서구식 극장의 근엄함 안에서 이러한 판의 특성은 점차 사라지고 있습니다. 어쩌다 객석에서 나도 모르게 추임새를 넣을 때가 있습니다. 그럴 때면 뒤돌아보는 앞 좌석 관객들 눈초리에 찔끔해집니다. 그럴 때면 아차, 합니다. 반면, 일부 공연에서는 추임새를 부추기고 훈육하는 걸 보게 됩니다. 이 또한 공간에 맞지 않은 행동을 강요당하기에 불편하게 느꺼집니다. 감상에 집중하게 구성된 공연장에서, 그에 어울리지 않게 참여를 독려하는 의도만이 강조되니까요. 어쨌든 현 극장에서는 추임새가 없으므로 해서 무대와 객석은 따로 나뉩니다. 이때 더 이상 판은 없습니다. 판이 사라진 무대는 앞서 말한, 본래 드러나야 마땅한 즉흥성 형성에 결핍을 줍니다. 이로써 우리춤 본연의 매력을 여실히 함께하지 못함은 참으로 안타깝습니다.

추임새를 마음껏 뽐낼 우리 춤 전용공간, 언제쯤 만날 수 있으려나 모르겠습니다.

'청천하늘에 수심도 많다' '일어나' 그리고 '마지막 잔치'까지는 한과 흥 그리고 추임새에 대해 쭉 살펴본 것입니다. 이 세 가지는 서로 연결되어 있습니다. 따로 떨어뜨려 생각하기에는 어색한 유기적 관계에 있습니다. 마치 나물과 같다고 할까요? 뿌리, 줄기, 잎으로 나눌 수 있지만 하나여야 의미가 있는 나물 말입니다. 그러니 맛있는 나물무침을 먹듯 그렇게 맛보면 좋을 성싶습니다.

이쯤에서, 부끄러움을 무릅쓰고 용기를 내어 멋진 추임새를 함께 추어보면 어떨까요. 예전처럼 마당에 깔린 너른 멍석 위에 앉아있다, 생각하고요. 못하면 어떻습니까, 처음인데요.

훨훨 QR-11

춤을 학습하다 보면 챙겨 외워야 할 내용이 무척 많습니다. 만약 머릿속 춤을 악보라고 한다면, 메모가 가득 차서 이제 더는 오선보로 보이질 않는 상태의 악보라고 할 수 있을 정도입니다. 누군가에게 춤을 알려 줄 때면, "이 많은 걸 무대에 올라서 어찌 다 해내느냐?"는 대답이 돌아올 때가 많습니다(내가 좀 수다스럽긴 합니다). 대답은 "안 합니다."입니다. "뭐라고? 그럼 이 많은 건 도대체 왜 배운 건가요?"

불교의식인 <영산재> 중 <작법>이 있습니다. 불교 식사 의식에 한다고 해서 <식당작법>이라고도 하고, 들썩들썩 멋지다고 야단법석(野檀法席)과도 연결합니다. <작법>은 하나의 춤이 아닙니다. 여러 춤을 한 번에 볼 수 있습니다. <나비춤>, <바라춤>, <타주>, <법고춤>(법고는 범종, 목어, 운판과 함께 사물이라고 합니다) 등 여러 개별 작품이 함께 공연됩니다.

이중 <타주(打柱)>를 살펴보겠습니다. 타주는 수행을 다짐한다는 뜻을 담아 '팔정도(八正道)'라는 팔각기둥을 세워놓고 춥니다. 팔정도는 피안의 세계로 이끄는 뗏목을 의미합니다(정견(正見), 정사유(正思惟), 정어(情語), 정업(正業), 정명(正命), 정정진(正精進), 정념(正念), 정정(正定) 등 지켜야 할 계율이 팔각기둥의 여덟 면에 새겨져 있습니다). 승복을 입은 두 명이 팔정도 주위를 돌거나, 들고 있는 긴 채로 팔각기둥 상판을 두드리기도 합니다. 이로써 계율을 청정히 지키고자 하는 의미를 표현합니다. 타주는 계율을 지키고자 하는 마음을 표현하는 대목이어서인지, 긴 가사를 입고 얼굴을 다 가리는 큰 고깔을 쓰고, 거의 움직임이 없다시피 고요히 움직입니다. 장엄하기 그지없습니다. 그런데 춤 마지막에 이르러 갑자기 돌고 있던 팔각기둥을 바닥에 냅다 쓰러뜨리는 장면이 나옵니다. 처음 봤을 때는 누군가 실수를 한 게 아닌가 했습니다(보다가 악! 소리가 절로 났습니다). 그런데 실수가 아니고 고의로 쓰러뜨린 겁니다. 이 장면은 불교 공(空) 사상을 나타내는 것입니다. 지혜를 향한 계율을 넘어뜨려서, 강 건너 피안 세계를 향해 사용했던 뗏목을 미련 없이 버림을 의미합니다. 그리고 수행 단계를 뛰어넘음과 모든 것의 덧없음을 표현합니다.

우리춤은 수많은 규칙과 그걸 지속하는 조절 안에 있습니다. 하지만 연습실에서의 수많은 명심과 각인은 무대에 오르는 순간 인식에서 지워냅니다. 춤을 위해 존재한 모든 것은 정작 무대에 올라 춤을 추는 순간 없앱니다. 춤은 춤으로만 남습니다. 그리고 춤이 끝나면 춤 또한 사라집니다. 사라지는 걸 잡는 건 부질없습니다. 버려야 사유롭습니다. 버리면 자유로워집니다.

우리춤을 만들고 감상하는 방식에 대해 살펴보았습니다. 이것으로 우리춤을 대할 기본기가 갖추어졌으면 좋겠습니다. 희미하게나마 윤곽이 잡혔다면 다음을 향해 보겠습니다. 좀 더 세부적인 탐색 단계가 준비되어 있습니다. 준비되셨나요?

Photo by 이진환

 QR-06 <밀양북춤>

QR-07 <양산사찰학춤>

 QR-08 <승무>

QR-09 훨링 더비시

 QR-10 <산조>

QR-11 영신재

수다 3

벌인 춤

전문예능인 춤으로 남은, 민속춤 ... 151

미니멀의 극치, 정재 ... 175

시대 고민, 춤 창작 ... 197

할머니 손을 잡고 보았던 잔치는, '단맛'과 '시끌벅적함'으로 요약되어 남아있습니다. 아마도 떠오르는 단맛과 시끌벅적함의 이미지는, 지난 시간 보고 느꼈던 소소한 것들이 응축되어, 몸 어딘가 각인되어 있었던 것이리라 생각됩니다. 스치듯 무엇을 보았을 때, 생각지도 않은 친근함이 느껴질 때가 있지 않습니까? 그건 아마 예전 들어온 인상이 몸 안 어딘가에 있다가 쏙, 손을 내민 건지도 모릅니다.

잔칫상 위 여러 음식 중 그 무엇보다 먼저 내 작은 손을 잡아당기던, 사탕의 빛깔에 혼을 빼앗겼습니다. 그저 바라만 보아도 좋았습니다. 흰 접시에 겹겹이 쌓인 옛날 사탕들. 알록달록한 오색 줄이 쳐진 둥글납작한 그것은 영롱하게 반짝였습니다. 집어 들 때 손끝에 전해지던 사각거림은 흥미로웠습니다. 혀에 처음 닿았을 때 낯설게 다가왔던 진한 단맛을 잊을 수 없습니다. 그리고 이내 흥건해지던 입안은 처치 곤란이었지요. 다 먹고 난 후의 입안은 만화 주인공이 된 양 새빨갛게 멋져서, 자꾸 거울 앞에서 혀를 내밀어 살펴보았습니다. 그 좋은 것을 할머니는 매번 후딱 빼앗으셨습니다. 대신 내 입엔 두툼한 살코기나 보들보들한 고사리나물 등이 하나 가득 아쉬움과 함께 들어찼습니다. 돌아보면 할머니는 속주머니에서 새하얀 손수건을 꺼내 자신 앞에 놓인 단것 무더기를 접시째 부어 챙겨 넣으셨습니다. 그 단것들은 이후, 할머니 방 벽장에서 때때로 나와, 내 짜증스러운 기분이나 아픈 배를 낫게 해 주었습니다.

할머니는 잔치가 열린다고 하면 여기저기 나를 데리고 다니셨습니다. 할머니와 간 그 잔치에서 가장 인상적이었던 것은 고 달달한 맛난 것들과 함께 나를 달뜨게 하던 시끌벅적함이었습니다. 사람들이 모여 서로 인사를 하고, 음식을 먹고, 얘기도 나누던 그 시끌벅적함. 요즘은 풍물시장에서나 찾을 수 있을까요? 시끌벅적함에 한몫을 담당한 것은 공연이었습니다. 천막이 쳐진 무대에서는 다양한 볼거리와 들을 거리가 있었습니다. 지금은 아마 어르신이 되셨을 테지만, 당시 쌍둥이 가수 '바니걸스'는 깜짝 놀랍게 깜찍했었습니다. 그들의 춤과 노래는, 소년이 벌떡 일어나 턱을 바닥에 떨어트릴 정도의, 그야말로 문화적 충격이었습니다. 그리고 이어지는 <부채춤>, <장고춤>, <만담> 등은 그게 뭔지 반의반도 이해하지 못했을 어린아이의 시선을 완벽하게 사로잡았었습니다.

달달한 사탕을 입에 문 소년의 눈길을 사로잡은 그 장면은, 두루뭉술 분명하지 않은 이미지로 남았습니다. 시간이 지나 그 시절에 먹었던 사탕을 사 먹고, 그 당시 들었던 노래를 찾아 들어 봅니다. 이제 추억의 맛이 되었지만, 한편 무언가 끌리는 매력 또한 느낍니다. 좀 더 세세히 알아보고 싶습니다.

여기 벌여 놓은 춤이 있습니다. 낯선 춤입니다. 여태 경험으로 비추어 보면, 사람들이 우리춤을 보고 느끼는 낯섦은, 정도 차이가 있을 뿐 무척 크다고 보입니다. 아마 할머니 치맛자락을 잡고 단 것을 손에 쥐었던 어린아이가 본 것과 같을 것입니다. BTS 세대가 느끼는 이질감은 토끼소녀 때의 나와 별반 다르진 않을 거란 거죠. 그렇다면 지금 필요한 건 뭘까요. 우리춤과 관련한 이런저런 것에 대한 오밀조밀한 수다라고 생각합니다.

이 장은, 앞선 수다의 뒷받침이라고도 할 수 있습니다. 세부 정보 공유지요. 상대에 대해 아는 게 없으면 오해 생기기 딱 좋지 않던가요? 그러니 우리춤에 어떤 것이 있는지 전반적으로 얘길 나눠보겠습니다. 우리춤을 발생토대에 따라 민속춤, 궁중춤으로 나눠 살펴보고, 이어 춤 창작에 대해서도 다뤄보려 합니다. 각각의 춤 아래, 낯선 이가 보면 좋겠다 싶은 몇 개의 키워드를 뽑아, 그 아래 설명을 달았습니다. 앞에 다루었던 것보다 세부적이고 민감한 내용일 수 있겠다, 싶습니다. 그만큼 우리춤 좀 안다고 하려면 이 정도는 다뤄줘야지 싶은, 핵심적인 것들입니다. 어서 들어가 보겠습니다.

전문예능인 춤으로 남은, 민속춤

아와오도리(阿波踊り)는 일본 도쿠시마현에서 한여름에 열리는 춤 축제입니다. 나흘간 이어지는 기간에 매년 백만 명 이상의 관광객이 다녀갔다고 합니다. 저 멀리 브라질 삼바축제의 일본판이라 할 수 있겠습니다. 몇 년 전, 아와오도리 축제에 참가했었습니다. 온종일 티브이에는 일본 전통춤 풍년이었습니다. 그러나 레퍼토리가 다채롭고 새로운 춤이 연거푸 나오는 것이 아닙니다. 계속 비슷한 춤을 춥니다. 아와오도리의 춤은 남녀노소 누구나 즐기기 쉬운 간단한 동작으로 이루어져 있습니다. 독특한 선창에 따라 손뼉을 치기도 하고 발을 엇갈려 딛기도 합니다. 여럿이 줄을 지어 이 동작을 반복해가며 행진합니다. 퍼레이드가 열리는 현장은 무척 즐겁고 흥겨웠습니다. 처음 그곳에 도착해서는 한국에는 없는 특이한 광경에 얼떨떨했던 기억이 납니다.

우리에겐 이런 춤 축제가 있던가요? 한복을 갖춰 입고 나와서 간단한 동작을 나누어 즐기는 이런 춤 축제. …… 생각할수록 질투가 나 죽을 지경입니다.

'민족문화'는, 한 지역 문화가 내적으로 발전하는 가운데 시간이 흐른 후 전통적으로 유지되는, 고유한 문화를 말합니다. '민속문화'는, 민족문화 중 상층문화를 제외한, 그 나머지 고유성이 강한 기층문화입니다. 그러니 민속춤이라면, 일반적으로 민간에서 행해지는 춤을 말합니다. 일반대중, 그중에서도 민중이 추는 춤입니다.

지금은 민속춤으로 무얼 지칭할 수 있을까요? 쉽게 답을 내기 어렵습니다. 우리에게 영감을 줄 민속춤이 필요합니다. 그래서 민속춤은, 과거 전통춤에서 비롯해 현재까지 추어지는, 전통춤에서 연관성을 갖는 춤이라 상정하고 글을 이어가려 합니다.

민속춤 기록은 안타깝게도 그리 많지 않습니다. 조선까지의 전근대 사회에서는 개인이나 예능에 관한 기록을 남기는 일이 극히 일부였습니다. 민중문화에 관해서는 더욱더 그러했죠. 게다가 당시는 예능을 천하게 여겼던 사회였습니다. 더군다나 이후 우리는 일제강점기와 전쟁이라는 긴 문화 단절기를 겪었습니다. 그래서 있었던 기록조차 유실되었을 확률이 높습니다. 이러한 이유로 과거 기록만으로 민속춤을 찾는다면, 없다고 단언하더라도 틀린 말이 아닐 것입니다. 하지만 깊게 뿌리 내린 민속문화는 각 지역마다 여러 가지 양식을 전승하고 있습니다. 그래서 기록에 의존하기보다, 실행되어 온 전통양식을 토대로 좀 더 직접적으로 민속춤을 살필 수 있습니다(물론 기록 밖의 실행물을 살필 때는 왜곡변화 등의 범위를 감안해야 할 것입니다).

전하는 민속춤은 발생토대를 근거로 '생활 춤'과 '예능 춤'으로 나눌 수 있습니다. 생활 춤은 생활 안에서 추는 것으로 놀이성이 강하고 비전문적입니다. 농업, 어업, 축산업 등 1차 산업에 매진하던 시기, 노동 현장에서 힘을 모아 격려하고 때로는 휴식을 위한 예술이 발전했습니다. 각종 노동요에 맞춘 농악, 놀이춤 등입니다. 반면 예능 춤은 직업인이 추는 춤입니다. 전문성을 강하게 띠며 고난이 기능을 추구합니다. 굿판이나 사당패, 권번 등에 예능을 직업으로 삼는 전문 예술인이 있었습니다. 그들이

전문적으로 추고 전승한 각종 굿춤, 살풀이춤, 승무, 입춤 등 전문적 소양이 필요한 춤입니다.

이중 생활 춤은, 일제강점기나 한국전쟁 등 어려운 시기에 민족말살정책이나 가난 등을 겪으며, 그 명맥을 유지하기 힘이 들었습니다. 당시 우리 예술을 지켜나간 것은, 그나마 춤을 숙명으로 받아들여 자신의 세계를 묵묵하게 꾸려온 소수 전문 예술인이었습니다. 또한 50, 60년대에 들어 민족예술을 부흥하고자 하는 운동이 대대적으로 일어나는데, 그 중심에서 민속춤을 부흥시킨 이들 또한 전문 예술인입니다. 그래서 민속춤은 전문예능인의 춤으로 남게 됩니다.

현재 다양한 민속춤 전승단체에서 춤 전승, 보급에 매진하고 있습니다. 그러나 일반인 참여가 그렇게 높지 못한 게 현실입니다. 명색이 '민속'춤이니 민속의 주인공이라 할 일반 대중이 적극적으로 참여하여 과거를 현재로 이어내면 좋으련만, 아직까진 전문가들의 노력으로 그 예술성만이 높아지고 있습니다. 현실이 이렇다 보니 아무래도 민속춤은 전문적인 춤에 관한 것이 주를 이룰 수밖에 없습니다. 그러나 실망하고 아쉬워할 일은 아닙니다. 전문적인 춤이란, 분석하고 연구하여 짧은 시간 발전을 거듭한 춤이라는 말과 동의어가 됩니다. 고급스러운 민속춤, 무척 매력 있습니다. 다만 많은 이들이 관심을 가졌으면 좋겠습니다. 그래서 우리 정체성을 드높이는, 대중 속에 살아있는 춤으로 추어질 그 날이 오면 얼마나 좋을까요.

직접 추어보면 삶을 반추할 수 있는 멋진 춤이 많습니다. 많이들 몰라주니 참 아깝고 안타깝습니다. 민속춤이 누구나 갖고 싶어 열광하는 세련된 명품가방 취급을 받는 날, 오겠지요?

비정비팔

　비정비팔(非丁非八)은 춤을 출 때 발을 딛는 기본형태를 말합니다. 이 용어는, 활을 쏠 때 발을 벌려 서는 자세에서 온 말입니다. "흉허복실(胸虛腹實)하고 비정비팔하라." 가슴에 힘을 빼고 배를 단단히 하며 발은 정(丁)자도, 팔(八)자도 아닌(非) 모양으로 서라는 말입니다. 이 자세로 섰을 때의 장점은, 허벅지 안쪽과 항문 그리고 아랫배를 안으로 당기고 허리를 곧게 세워, 하단전에 힘을 모으기 좋다는 데 있습니다. 단단한 몸자세를 만들어 줍니다.

　'춤사위'라고 하면 고정된 모양을 떠올리기 쉽습니다. 그러나 비정비팔은 하나의 정지된 상태를 말하는 것이 아닙니다. 그 모양이 다양합니다. 또 금세 변화합니다. '비'는 부정을 나타내는 품사입니다. 제시된 한자의 모양 '丁'과 '八' 모양을 본떠 기본으로 삼고, 그 범위 내에서 '이와 같지 않은' 다양한 형태를 취합니다. 이렇게 함으로써 하체의 힘은 가득 차되, 상체에는 다양한 모양을 나타내게 합니다.

　춤 영역에서의 비정비팔은, 하체를 단단하게 하는 자세를 잡는 데서 한 발 더 나아가, 다채로운 춤사위를 만들 수 있게 합니다. 민속춤은 몸의 '자태'를 중요하게 생각합니다. 이 자태는 대부분 상체에서 빛을 냅니다. 힘이 가득 찬 하체에 비해 자유로운 상체에 다양한 모양이 만들어지고, 이 다양한 모양들이 모여 자태를 드러내는 겁니다. 우리춤은 살짝 기울어진 어깨선이나 갸웃하게 돌아가는 목과 턱선, 이곳에서 저곳으로 향하는 시선 변화 등이 독특함을 자아냅니다. 이렇게 상체에서 드러나는 아름다움이 저 아래 발의 비정비팔에서 시작된다는 점은 비정비팔이 품은 비밀이라 하겠습니다. 그래서 상체를 과도하게 움직여 모양을 짓는 것을 꺼리고, 하체에서부터 시작한 힘이 상체에 맺히는 방식을 중요하게 여깁니다.

반면, 궁중춤인 정재에서는 이 비정비팔을 크게 쓰지 않습니다. 정재는 단순하며 명료한 표현을 드러내고자 합니다. 그래서 비정비팔을 통한 다채로운 상체 사위는 오히려 춤의 격을 떨어뜨리는 것으로 평가합니다.

살풀이춤

잘 알려진 민속춤이면서 인기가 많은 춤이라 하면, 단연 살풀이춤을 꼽을 수 있습니다. 살풀이춤은 수건을 들고 추는 춤으로 초심자가 접근하기에 수월합니다. 그러나 쉬운 입문이 쉬운 습득으로 이어지지는 않습니다. 세상사가 그렇듯이, 오히려 내면이 어려운 것일수록 처음 대하기는 무난한 경우가 많지요. 이러든 저러든 살풀이춤이 우리춤 중 가장 인기 종목으로 손꼽히는 것은 확실합니다. 인기가 이렇게 많다 보니 가장 다양한 형태의 변종이 있습니다. 지역마다, 계보에 따라 다양합니다. 공통점은 시나위 형태인 살풀이 음악에 맞추어 수건을 들고 춘다는 점입니다.

시나위는 여럿이 연주하는 합주입니다. 연주 특징은 질서가 없는 듯한 질서를 추구한다는 점입니다. 연주자들은 합주하면서 자신만의 영역을 지정하고 서로 번갈아 주선율을 책임집니다. 이러한 연주 형태는 미리 짜인 악보를 위주로 하는 것이 아닙니다. 경험에서 나오는 즉흥성이 발휘

됩니다. 그러니 연주마다, 공통인 부분도 있고 전혀 다른 연주가 튀어나오기도 합니다.

음악이 이런 즉흥성을 띤 형태이니 춤이 정형성을 갖는다는 것은 어불성설입니다. 살풀이춤 또한 즉흥성을 기본으로 합니다. 그러니 많은 연습을 통해 동작을 연마하고 음악 이해도를 높여 정형화된 구성을 뛰어넘어, 즉각적인 새로움을 만드는 경지에 이르러야 합니다. 이러한 즉흥성은 신무용과 대별되는 전통춤의 도드라지는 특성이라 하겠습니다. 신무용은 전통춤과 다르게, 미리 구성이 짜여진 음악을 마련하고, 움직임 또한 미리 규격화하기 때문입니다.

문헌에 보이는 최초 살풀이춤 기록은 일제강점기 신문 지상의 작품소개에 보입니다. <남도수건춤>, <남도살풀이>, <살풀이>, <수건춤> 등입니다. 그러나 음악과의 연관성이나 발생 양상 등을 근거로, 그보다 이전 시기에서 살풀이춤의 발생을 추론합니다.

승무 QR-12

승무(僧舞)는 수도승을 주인공으로 한, 인간 고뇌에 관한 드라마라 하겠습니다. 수도승은 인간이되 인간이 아닌 존재를 추구하는 인물입니다. 현실을 뛰어넘으려는 강한 의지가 있습니다. 반면, 의지 밑바닥에는 인간으로서 가질 수밖에 없는 오욕(五慾)이 존재하지요. 그래서 해탈의 의지로 오욕을 직시하지만, 그럴수록 번민과 고뇌가 극대화되는 존재입니다.

내 심지로는 어쩌지 못하는 기본적 욕구라는 굴레에서 벗어나려는 움직임. 이것은 인간이라면 정도의 차이는 있을지언정 누구나 느끼고 겪을 수밖에 없는 고뇌입니다. 그렇기에 승무를 보는 관객은 춤을 보며 동질감을 느끼고 위안으로 삼습니다.

반주음악으로는 삼현육각 연주구성을 사용합니다. 사용 장단으로는 염불, 도드리, 타령, 자즌타령, 굿거리, 자즌모리, 휘몰이 등이 쓰입니다. 느린 염불장단부터 빠른 휘몰이장단까지 다채롭게 사용되는 겁니다. 특히 춤 후반부에 북 연주가 따르는데, 승무 북 연주는 연주만이 아닙니다. 앞에서 추었던 춤 연장선으로, 춤의 다른 표현으로 여깁니다.

조지훈의 시가 보여주듯 하얀 고깔과 버선의 매력이 압도적으로 인상적인 승무는, 긴 장삼을 입고 그 위에 붉은 가사(袈裟)를 가로로 걸쳐 묶고 고깔을 씁니다. 그런데 승무에 쓰이는 장삼과 붉은 가사는 절의 법복과는 다른 모습입니다. 장삼의 소매통은 훨씬 좁고 길이는 무척 긴데, 겨드랑이 아랫부분에 절개를 내, 팔을 꺼낼 수 있게 만듭니다. 손에 북채를 쥐어서 기다란 장삼을 움직이고, 나중에 북 연주에도 사용합니다. '홍띠'라고 부르는 가사는 좁고 긴 직사각형 띠를 사선으로 걸쳐 옆구리에 매듭을 칩니다.

승무는 장삼을 이용하므로 발이 내딛는 간격에 비해 상체의 행동반경이 넓습니다. 그래서 쓰는 호흡이나 몸 움직임이 다른 춤에 비해 큽니다. 한 번의 들숨과 날숨에 여타 춤보다 크게 움직여야 하기에 힘이 더 많이 쓰입니다. 그래서 춤추는 이에게는 '어렵다'기보다 '힘든' 춤이라 여겨집니다.

춤의 시작부터 음악은 느리고 호흡은 큽니다. 이후 빨라지는 음악에도 큰 호흡을 유지합니다. 고깔은 시선을 가리고 장삼은 깁니다. 북을 칠 때는 춤도 잊지 않아야 합니다. 그야말로 수도승의 춤이라 하겠습니다.

한량무 QR-13

한량무(閑良舞)는 <선비춤>이라고도 하며, 조선 시대 양반의 모습을 한 남성이 부채를 들고 추는 춤을 말합니다. 예부터 부채를 들고 춤을 추는 걸 좋아했나 봅니다. 18세기 김홍도가 그린 풍속화에는 예인(藝人)들이 부채를 들고 춤을 추는 모습이 보입니다. 그림에서도 활달하고 흥겨운 모습이 여실히 드러납니다.

부채는 우리에게 익숙한 생활소품입니다. 부채는 옛사람들이 즐겨 들었는데 한여름 외에도 사랑받았습니다. 햇살을 가리고 바람을 일으키는 용도 외에도, 일상에서 들고 다니며 얼굴을 가리는 등, 패션 액세서리로 다양하게 활용되었습니다. 부채는 모양 그리고 사용되는 재료에 따라 여러 가지로 종류가 나뉘는데, 종류와 제작과정을 보면 멋 부림의 심도가 깊음을 볼 수 있습니다.

한량무 부채가 멋 부림 용도라고? 금세 눈동자가 옆으로 쏙 돌아갑니다. 한량무의 한량이 뜻하는바 또한 그다지 긍정적이지 못합니다. 한량을 가리키는 바는(시기마다 약간 차이는 있지만) 통칭, 직업이 없으면서도 타고난 신분에 의해 경제적으로는 비교적 부유한 계층을 말합니다.

음, 딱 떠오르는 이미지가 있습니다. 바로 '불한당(不汗黨)'입니다. 불한당이 무언가요? 말 그대로 땀 한 방울 흘리지 않고 사는 이들이 떼를 지은 모습을 말합니다. 그러니 한량이나 불한당이나 오십보백보, 같은 이들이지 않겠습니까?

우리 선조가 이런 부정적인 모습을 춤에 담아서 오랜 세월 전하진 않았을 것입니다. 그렇다면 한량무에 담긴 다른 뜻이 있을 터입니다. 한량무는 멋을 귀하게 여긴 전통사회 남성의 내적, 외적 이상향을 그려낸 춤입니다. 한량무의 한량은 공부만 하는 책상물림이 아닙니다. 세상을 알고 만인을 위한 일을 할 줄 아는 진정한 멋쟁이 선비님입니다. 춤이 담은 뜻이 이렇다 보니, 현재 추는 대부분 한량무의 내용은 오히려 선비춤이라는 명칭에 더 가깝습니다.

그런데 이 춤이 선비춤이 아닌 한량무라는 명칭으로 알려진 이유는 무엇일까요? 아마도 탈춤의 영향이라 생각됩니다. 탈춤에는 다양한 한량이 등장합니다. 탈춤의 한량은, 상층부를 비꼬고 그들 잘못을 극에 빗대어 비판한 탈춤에, 그 대상으로 쓰였습니다. 그러나 탈춤 한량과 한량무의 한량은 근본적으로 다른 양상을 띠는 인물입니다. 한량무의 한량은, 탈춤에서 독립해 하나의 독립적인 춤으로 추어지며, 멋진 남성미에 초점이 맞춰진 것입니다. 춤 주제가 남성의 멋과 흥으로 변이되어 표현됩니다.

현재 다양한 한량무가 공연되고 있습니다. 나아진 경제력과 원활한 문화 유통을 바탕으로 남성 춤꾼이 자신만의 세계를 한량무로 표현해내는 경우가 늘고 있습니다.

입춤 QR-14

입춤은 立舞이라 쓰는데, 여기에는 入舞 개념이 함께 해서 춤 입문자에게 알려 주는 춤, 기본 토대를 돋우는 춤을 말합니다. 이와같이 입문자를 위한 입춤의 특징을 말한다면, 사용하는 장단이 간단하다. 소도구를 사용하지 않는다. 작품 기승전결이 완전하지 않다는 점을 꼽겠습니다. 차례차례 살펴보겠습니다.

사용 장단이 간단합니다. 입춤은 기본적인 호흡과 동작구성을 알려 주는 춤입니다. 때문에 되도록 굿거리나 살풀이장단 등 단일장단을 사용합니다. 혹은 민요가락 등 접근이 쉬운 음악 일부분을 사용하기도 합니다.

소도구를 사용하지 않습니다. 우리춤에는 다양한 소도구가 사용됩니다. 하지만 춤에서 소도구의 사용은 주의가 요구됩니다. 춤이 일정 수준에 도달하기 전에 소도구를 사용하는 것은 몸의 기준점을 흩트릴 여지가 다분하기 때문입니다. 그래서 입춤에서는 소도구를 사용하지 않고 맨손으로 춤을 춥니다. 이를 통해 발끝부터 머리끝, 손끝에서 반대쪽 손끝까지 전체적인 몸 움직임을 학습하는 효과를 꾀합니다.

기승전결이 완전하지 않습니다. 입춤은 춤 기교의 소개와 바르고 빠른 습득을 목표로 합니다. 그래서 작품에 산문적인 이야기 구성을 넣어 클라이맥스에 도달하는 문학적 장치를 사용하지 않습니다.

"아, 이게 생각보다 어려운데? 입문용 춤이라며 왜 이렇지?" 우리춤을 처음 시작하는 입문자들이 입춤을 대하고는, 쉽지 않다는 평을 하는 경우가 많습니다. 일반적으로 초심자를 위한 인트로(Intro), 베이직(Basic) 과정에는 따로 초입코스가 제시되기 마련입니다. 수준도 일정하게 맞추고 다루는 내용도 대동소이합니다. 그런데 우리춤 입문 과정은 다릅니다. 입춤은, 자신의 춤 세계로 일가를 이룬 춤꾼이, 다양한 작품에 쓴 춤 동작 가운데, 바탕이 되는 것을 추려 만들었습니다. 해서 단순하거나 쉬운 내용을 담았다고는 볼 수 없습니다. 모든 입춤이 저마다 다른 내용을 담고 있습니다. 그 깊이에 있어 단순한 것도 있고 좀 더 심오하여 작품성을 띤 것도 있습니다. 그래서 입춤은 초보자를 위한 춤이라기보다, 한 예술가의 춤 핵심을 안내하는 역할을 한다고 할 수 있습니다. 입문자를 위해 따로 편한 길을 마련해 제시하기보다, 입문자가 통과해야 할 규범을 제시하는 겁니다.

입춤으로의 입문과 같은 방식은 춤 이외 전통예술 학습에 전반적으로 보이는 양상입니다. 종목별로 기본적인 규범을 이해하고 넘는 과정을 통해, 다음 있을 심도학습의 발판을 마련합니다.

입춤이 이렇게 쉽기도 하고 어렵기도 한 특성이 있어서, 최근에는 입춤을 작품으로 인정하기도 합니다. 그래서 다양한 방식을 유입하여 변화한 입춤이 추어지기도 하지요. 하지만 예전에 스승이 하신 말씀이 잊히지는 않습니다. "나 오늘 우스운 걸 봤다. 아, 경연대회에서 입춤을 다 추더구나!"

북춤

　북을 치며 추는 북춤은 다양합니다. 농경사회 위주의 과거 상황으로 미루어 볼 때, 북은 재료 마련과 제작과정이 비교적 쉬웠고 이에 대비한 효과는 컸을 것으로 생각됩니다. 그래서 일상에서 가깝게 접하는 악기였으며, 군영에서도 자주 쓰였던 악기였습니다. 자주 그리고 다양하게 쓰인 만큼, 크기와 모양도 여럿입니다. 이렇게 여러모로 다양하니 지역별, 쓰임별로 많은 작품이 있습니다.

　각 춤의 북을 이용하는 차이를 보면, 북을 한쪽 어깨에 걸기, 북을 어깨에 걸되 허리에 단단히 묶기, 북을 바닥에 놓기, 북을 손에 쥐기 등 여럿입니다.

　북을 메는 춤은 다른 말로 <설북춤>이라고도 합니다. <날뫼북춤>, <밀양북춤>은 한쪽 어깨에 북을 가로걸어 손으로 받치고, 한 손으로 북을 치는 방식입니다. <진도북놀이>는 북을 한쪽 어깨에 걸고 허리에 감아 몸에 단단히 묶습니다. 그리고 양손에 북채를 갈라 쥐고 칩니다.

　북을 자리에 놓아두고 추는 북춤으로는 크게 두 가지가 있습니다. 우선 큰북을 중앙에 놓고 추는 <동래고무>나 <승전무>가 있습니다. 그리고 삼면에 두른 세 개의 틀에 북을 걸어 치는 춤이 있습니다. 틀에는 적게 하나에서 수를 늘려 다양하게 걸어놓고 치는 <삼고>, <오고>, <칠고>, <구고>, <십이고> 등이 있습니다.

　작은 북을 손에 쥐는 춤은 <소고춤>이 가장 잘 알려져 있습니다. 소고는 말 그대로 작은 북입니다. 작은 북에 달린 손잡이를 한 손에 쥐고 돌려가며, 다른 손에 든 채로 칩니다.

  이 외에도 다양한 변형이 시도되고 그중 몇몇 작품들이 사랑받고 있습니다. 민속춤은 아닙니다만 커다란 대고부터 작은 소고에 이르기까지 다양한 북춤을 한무대에 소개하는 <북의 대합주>가 있는데, 이 작품은 초연 이후 다양한 버전으로 공연되고 있습니다. 작은 북을 손목에 메어 받치고 치는 <버꾸춤>, 작은 장고 형태를 들고 추는 <요고> 등은 북춤에 새로움을 더하고 있습니다.

장고춤 QR-15

  장고(杖鼓, 長鼓)는 '장구'라고도 불리는 타악기의 하나입니다. 가운데가 오목하게 들어간 기다란 원통에 양편으로 가죽을 대고 끈으로 이어 만듭니다. 장고의 독특한 장단 가락과 성음은 가히 독보적입니다. 아마 세계에 가장 잘 알려진 우리 악기가 아닐까 싶습니다.

  장고춤은 여러 유형이 있습니다. 장고를 메는 방식에 따라서, 끈을 어깨에 건 후 허리에 둘러서 장고를 몸에 단단히 묶는 방식과 어깨에 걸치는 방식이 있습니다. 물론 이 두 방식을 섞어 사용하는 유형도 있습니다.

  끈을 어깨에 건 후 허리에 둘러 묶는 방식은 농악의 <설장구놀이>가 대표적입니다. 이즈음에는 설장구놀이가 농악에서 독립해 나와 독자적인 장구춤으로 활동하는 영역이 늘고 있습니다. 몸에 꽉 매인 장고는 연희자와 한 몸이 되므로 활동에 제약을 주지 않습니다. 그래서 '상모돌리기'나

'연풍대 돌기' 등 역동적 기교동작을 가능하게 합니다. 또한 양손에 편채(오른손)와 궁채(왼손)를 잡아 다양한 가락을 연주합니다. 입는 옷은 대부분 농악 복식을 가져다 씁니다. 바지저고리에 조끼나 쾌자를 입고 삼색띠를 두르거나 허리끈을 뒤로 묶습니다. 머리에는 상모를 쓰거나 오색 혹은 흰색 종이꽃을 얹은 고깔을 쓰는 것이 일반적입니다.

어깨에 거는 방식은 여성 무용수가 추는 장고춤이 대부분입니다. 어깨에 가로질러 걸기만 해서 장고가 몸에 붙지 않습니다. 한 손은 장고를 잡고 있어야 하기에 오른손에 드는 편채만을 사용해 주요 장단 가락을 연주합니다. 그래서 다양하게 연주하기에는 제약이 있습니다. 하지만 장고가 몸에서 떨어져 나와 있기에 몸을 사용하는 표현이 쉽고, 장고를 좀 더 자유자재로 활용할 수 있는 장점이 있습니다. 대부분 다양한 형태의 치마저고리를 입고 춥니다.

신무용 시대가 도래하고 기존 춤이 무대화되면서 신무용 형태로 변화한 장고춤이 등장하였습니다. 신무용계 장고춤의 시초라면 1939년 파리 살 프레엘(Salle Pleyel) 극장에서 <기생춤>이란 제목으로 초연했다는 장고춤을 들 수 있습니다. 이후 지속적인 발전을 이루었고 지금의 다양한 장고춤 양상으로 발전했습니다.

이즈음의 장고춤은 형식을 타파해 복합적인 형태로 변형해 추는 경우가 많이 생겼습니다. 한쪽 어깨에 걸었다가 허리에 매는 방식을 혼용하기도 하며, 다양한 민요와 선율 그리고 타악기 반주 등에 맞추어 추기도 합니다.

강강술래

　강강술래는 달 밝은 밤에 손에 손을 잡고 노는 놀이춤입니다. 여러 민족에서 강강술래와 유사한 유기적 놀이형식이 보입니다. 원시시대부터 이어진 풍습이 한 지역의 민속놀이로 자리 잡게 되었다 생각되는데, 진도지역의 강강술래는 그 특유한 양식이 잘 보전되고 있습니다.

　강강술래는 '강강수월래'라고 불리기도 합니다. 한편에서는 한자로 強羌水越來라 쓰고 '강한 종족이 물 넘어온다'는 해석을 했다고 합니다. 임진왜란 당시 이순신 장군이 진법에 강강술래를 융통해 썼다는 이야기에서 전래된 것이 아닐까 싶습니다.

　강강술래는 서로 손을 잡고 한 줄로 줄지어 움직입니다. 천천히 혹은 빠르게 행진하거나 원을 도는 중간에 여러 가지 놀이가 들어간 놀이춤입니다. 중간에 들어가는 놀이로는 남생이놀이, 멍석말이, 고사리꺾기, 청어엮기, 문지기, 문열기, 기와밟기, 꼬리잡기, 가마등, 쥔쥐새끼놀이 등이 있습니다. 나는 이중 꼬리잡기를 좋아합니다. 선두에 선 무용수가, 허리춤을 잡고 늘어선 줄의 제일 끝 무용수를 잡으러 갑니다. 이때 잡으려는 자와 잡히지 않으려는 자의 놀음이 흥미진진합니다. 마침내 허리춤을 탁 잡았을 때는 통쾌함과 안타까움이 공존해 웃음이 터지곤 합니다. 강강술래는 대부분 여성만으로 꾸며집니다. 치마저고리를 입고 댕기를 맨 여성이 줄지어 손을 이어 잡고 만들어내는 율동은, 그 어디서도 보기 어려운 선의 유동미를 보여줍니다. 현재 강강술래는, 발생지인 진도뿐 아니라 전국 무용단의 주요 레퍼토리가 되어, 다수의 변형을 보이며 자주 공연되고 있습니다.

놀이춤인 만큼 감상을 하는 것도 좋지만, 직접 참여하는 것도 참 재밌고 유쾌한 춤입니다.

태평무 QR-16

창작시기는 신무용이 발생한 시기와 동일한대도 자타공인 전통춤으로 인정받는 춤이 있습니다. 태평무(太平舞)입니다.

춤을 만든 사람은 전통음악 타악연주자로도 유명한 고(故) 한성준 선생입니다. 옛 전통예술 학습 방법은, 세부 전공을 나누고 자신의 전공만을 공부하는 것이 아닌, 통합교육이었습니다. 일단 전체를 공부하고 나중에 역량에 맞는 전공을 선택하거나 배정받는 방식입니다(지금의 의대 교육이랑 비슷할까요?). 그래서 음악가와 무용가가 따로 나뉘지 않는 경우가 많습니다. 그 예로 조선 마지막 무동이라 불리는 고(故) 김천흥 선생은 춤계의 큰 스승이기도 하지만 음악계에서도 그 위상은 마찬가지입니다. 태평무를 만든 한성준 선생이 그렇습니다. 1937년 '조선음악무용연구회'를 조직해 활동한 분으로 음악과 춤 모든 분야에서 뛰어난 업적을 남겼습니다. 우리춤 측면에서 보자면, <승무>·<살풀이춤>·<학춤>·<태평무> 등을 정립하여 무대에 올린 고마운 분입니다.

태평무는 전통음악에 정통한 분이 정립한 춤이어서인지, 음악 구성이 알차고 풍부하기로 잘 알려져 있습니다. 태평무는 '경기도당굿' 장단에 맞추어 태평성대를 기리는 왕의 마음을 표현한 작품입니다. 굿판에서 연행되던 굿의 거리 중 하나에서 영감을 얻어 작품으로 독립했다는 합리적 추론이 가능합니다. 태평무가 특이한 점은 '무대'에서 만들어진 전통춤이라는 점인데, 이 춤이 같은 시기 발생한 신무용과 다른 점이 있습니다. 한성준에 의해 정립되고 추어졌기 때문에 그가 추었던 승무, 살풀이 등과 동일한 전통 기법을 사용했다는 점입니다. 그래서 태평무는 전통춤 기법의 바탕에 다채로운 동작이 더해져 묘한 매력을 형성합니다. 다만 신무용 발생 시기에 만들어진 춤이어서인지, 즉흥성은 크게 발휘되지 않고 완전체를 지향합니다.

태평무를 요약하면 '새로운 시기에 새로운 무대 공간에서 정립된 기존 춤'이라고 정리할 수 있습니다.

부채춤 QR-17

부채춤은 현재 다수 공연되고 있고 세계에 우리춤으로 많이 알려진 작품입니다. 현재 거의 모든 무용단에서 각기 특성 있는 부채춤을 선보이며 주요 레퍼토리로 삼고 있습니다. 양손에 든 커다란 부채가 만들어내는 파도, 꽃 등의 형상은 다양한 선의 율동을 보여줍니다. 나는 부채춤을 무척 좋아합니다. 아직도 부채춤을 볼 때면 절로 귀에 걸리는 입꼬리에 혼자 무색해지기 일쑤입니다.

현재까지 부채춤은 분명, 전통춤이 아닌 '신무용'으로 분류됩니다. 그런데 이즈음에는 부채춤을 전통춤이 아니라고 할 수도 없는 형편이 되었습니다. 전통춤이라 부르지는 않지만 전통춤에 포함시켜 공연하는, 좀 애매한(!) 위치에 처한 것입니다. 아래를 봐주십시오.

"양손에 접부채[摺扇]를 들고 추는 춤으로 1954년 11월 김백봉에 의해 창작된 춤."
"2014년 10월 15일 평안남도 무형문화재 제3호로 지정 등록되었다."

부채춤에 대해 『한국민속예술사전』에 정의된 내용 중 발췌한 것입니다. 여타 사전류들의 내용도 대동소이합니다. 위 두 문장에서 '창작'과 '문화재'라는 개념이 서로 상충합니다. 개인이 창작해 발표한 춤이 바로 다음 대에 무형문화재로 지정되었다는 내용은 도무지 납득 되지 않습니다. 무형문화재는 긴 시간 흐름과 함께 '류'의 맥락이 필수이기 때문입니다. 그런데 김백봉 선생은 현대무용에서 시작된 최승희 선생의 예술을 이은 분이라고 알려져 있습니다. 그러니 만약 스승의 춤을 이었다고 하더라도 전승에 의문이 생기게 됩니다. 위 두 문장 중 하나의 개념이 없어지거나, 이 둘을 뒷받침할 또 다른 강력한 이유가 존재해야 합니다. 숙고해보니, 또 다른 이유로 한국인의 부채춤에 관한 친숙함을 들 수 있지 않을까 싶습니다(친숙함이라는 특성이 수치화되기는 어렵겠지만 말입니다). 부채춤은 우리춤으로 세계에 잘 알려져 있으며 지금도 많은 사랑을 받는 작품입니다. 직접 공연을 보지 않았을지라도 아마 여러 채널을 통해 접했기에 친숙하지 않을까 싶습니다. 그래서 통시적으로는 역사가 조금 짧지만, 공시적으로는 공감대를 형성했다는 이유를 들어보면 어떨까 생각해보았습니다.

부채춤 문화재 지정에 대한 의문을 제기하는 이유는, 부채춤에 신무용으로서의 양식적 특성이 보존되었으면 하는 바람에서 연유합니다. 옛 어른들은 너무 이건 이거, 저건 저거 따지면 좋지 못하다고 합니다만, 부채춤을 볼 때마다 치솟는 애정에 바람이 커져만 갑니다.

신무용 QR-18

부채춤을 들여다보자면 자연스레 '신무용(新舞踊)'으로 이어집니다. 신무용은, 개화기 무렵 서구적인 양식이 이 땅에 들어와 다양한 변화를 만들어내던 시절 나타난 신사조(新思潮), 그중 춤계에 만들어진 새로운 양식을 말합니다. 당시 기존 양식에 비해 세련되고 근사한 춤이 대거 등장하였습니다(아마도 좀 더 서구적인 느낌이었으리라 생각됩니다). 기존 춤에 대비되는 이러한 새로운 느낌의 춤을 일러 신무용이라 부르게 된 것입니다.

이전까지의 춤 주류는 권번(券番)이라는 예술교육기관이나 궁중에서 나온 춤을 중심으로 한 작품이었습니다. 이 춤이 추어진 곳 또한 권번이나 궁궐 등 전통사회의 공간이었습니다. 그렇기에 그 장소에 맞게 만들어지고 발전했습니다. 그런데 공연장소가 서구식 무대로 바뀌면서 새로운 극장에 맞게 기존 춤이 변화하였고 새롭게 만들어졌습니다. 신무용은 이러한 변화에 세련된 감각으로 활약하였습니다.

그 새로운 춤 중심에 최승희, 조택원 등의 인물이 있었습니다. 이들은 모두 이시이 바쿠(석정막)라는 일본 현대무용가 밑에서 학습을 한 후 조선으로 들어와 활동한 사람들입니다. 국제적으로 활발한 활동을 했지만, 민족예술의 필요성을 인식하고 조선의 정서를 추고자 했습니다. 자연스레 현대무용 방식을 중심으로 한국적 정서를 담은 작품들을 선보이게 됩니다. 이 춤들은 정립되는 과정을 거치며 '새로움'을 필두로 양식과 주제를 구체화해 갔습니다.

당시의 새로움은 시간이 흐름에 따라 하나의 경향으로 굳어지게 됩니다. 문화 흐름은 이 새로운 춤을 '신무용'이라 명명하며 현재까지 전하게 되었습니다. 그래서 지금에 와서의 신무용이란, 단어풀이가 보이듯 새로운 무용을 뜻하기보다는, '과거 개화기 이후 특정 시기에 생겨났었던 새로운 춤'을 지칭하는 용어라 할 수 있습니다.

신무용은 기존 전통춤과 분명하게 다른 양식적 측면을 보여줍니다. 춤을 보면, 전통춤과는 음악, 호흡, 몸, 무대 사용 등에 있어 전반적으로 이해방식이 다른 특유의 양식을 가졌음을 알 수 있습니다. 아마 당시 기존 춤에서 바라보았다면, 신무용을 '울 넘은' 춤으로 평가했으리라 생각됩니다. 기존 것은 지켜야 할 '선(boundary)'이 존재했으나 신무용은 이 선들을 초월해 자유롭게 표현되었기 때문입니다. 그렇다고 또 신무용이 기존 것을 완전히 타파한 것은 아닙니다. 서구적 양식을 중심으로 기존의 것을 조금씩 답습하며 변형했습니다. 그래서 신무용 특유의 양식을 '무엇'이라 정리하기 조금은 신산스럽습니다.

다름을 주장하려면, 무엇이 다른지 분명하게 제시되어야 할 것입니다. 그렇다면 비교 분석해야 하고, 춤의 비교 분석에는 소통되는 기보법이 중심되어야 합니다. 그런데 우리춤에 적용 가능한 공용된 기보법이 없다는 점이 걸림돌로 작용합니다(변명입니다. 아직까지는 해결책을 찾지 못했습니다). 음악의 오선보와 같은 기보법이 있으면 춤 비교가 좀 수월하겠건만 말입니다. 가장 많이 알려진 루돌프 폰 라반(Rudolf von Laban)의 라바노테이션(Labanotation)은 우리춤을 기보하기에 적합하지 않은 것으로 여겨집니다. 우리춤은 몸 안의 호흡법과 같은 방식으로 동작을 만들어냅니다. 그래서 춤이 추구하는바 자체가 서구춤과 다른데, 이 점이 고려된 방식이 아직은 없습니다. 우리춤을 분명하게 기록하고 읽어내는 기보 체계가 나왔으면 하는 바람이 간절합니다. 그러나 기보 체계가 완성되기 이전에 먼저 춤의 고유한 특성이 충분히 고려되어야 하기에, 거칠게나마 이렇게 신무용이 다르다는 점만은 언급하지 않을 수 없습니다.

신무용을 정리해보면, '그 태생이 현대무용을 바탕으로 우리 전통문화의 정서를 추구했다. 그래서 기존 문화를 이미지화해 서구적이고 현대적 감각으로 만들었다. 이 세련된 감각은 동시대에 함께했던 기존 춤에도 영향을 미쳤고 발전시켰다. 신무용의 새로움은 일정 시간이 흐른 후, 더 이상 변화하지 않고 하나의 양식으로 구축되었다.'라고 할 수 있겠습니다.

여기에 근래의 해결할 문제가 하나 있습니다. 양식으로 형성되어 오랜 시간을 보낸 신무용이 이즈음에 와서 기존 전통춤에 귀결되는 양상을 보인다는 점입니다. 무대에서 추어지는 전통춤과 신무용의 분명했던 차이가 점차 사라지고 있습니다. 신무용을 사랑하는 입장에서 무대를 바라볼 때, 이점이 무척 안타깝게 생각됩니다. 완전히 다르지 않은데 또 같지도 않은 전통과 신무용. 비슷하니까 어렵습니다. 하지만 '다른 점'은 정리하고 살려야 합니다. 조금이라도 다른 점이 있다면 살려내서 다양성을 추구하는 것은 후대를 위해서라도 꼭 해야 할 일이 분명하니 말입니다. 다양한 측면에서 연구가 이루어졌으면 하는 바람입니다.

신무용은 우리춤으로 널리 알려져 있고 동시에 많은 사랑을 받고 있습니다. 그래서 이제는 크게 보아 민속춤이라는 범주에 합당하지 않나 생각합니다. 다만 신무용이 자신만의 특성을 가진 춤이니만큼 그 범위를 명확하게 해서 다양성을 좀 더 드러내면 참 좋겠다, 생각해 봅니다.

전하는 신무용 작품으로 <부채춤>, <가사호접>, <무당춤>, <장고춤>, <화관무> 등이 있습니다.

민속춤이 워낙 다양하다 보니 언급되지 않은 춤에 서운할 수 있겠다는 생각이 듭니다. 혹여 전에 민속춤이란 소개로 감상한 경험이 있으나 지면에 보이지 않아 궁금해할 수도 있으니 말이지요. 혹시 그런가요? 그렇다면 다행입니다. 반가운 일이고요, 다만 첫술에 배부를 순 없다는 점, 생각해 주십시오. 서두를 필요는 없습니다. 시작은 한걸음부터라지 않던가요? 궁금증이 일었다는 것만으로도 좋은 출발이라 하겠습니다.

미니멀의 극치, 정재

이태원에 위치한 한 사립미술관에서 마크 로스코(Mark Rothko)의 거대한 붉은 면을 마주한 순간, <바다가 육지라면>이라는 노래가 생각났습니다. 모친의 흥얼거리던 노랫말이 생생합니다. '할 말이 하도 많아 목이 메어 못 합니다.' 무슨 할 말이 그리도 많다는 건지, 생전에 "내가 너한테 하고 싶은 얘기가 많은데 지금은 할 수가 없다." 매번 뒤를 흐리던 슬픈 눈동자가 기억납니다. 구구절절 많은 심사를 모아서 단순함으로 표현하는 미니멀(minimal)의 마음, 마크 로스코의 단순한 붉은 면에서 보았습니다. 이젠 들을 수 없는 어머니의 한숨 같은 노래에서 들었습니다.

많은 움직임을 모아 단순함으로 정제한 춤이 있습니다. 궁중의 춤, 정재입니다. 궁에서 공연할 일이 여러 번입니다. 가끔 환복을 위해 실내에 머무는 경우가 있습니다. 경복궁 경회루 앞 수정전의 한 방에서였습니다. 옷을 갈아입다가 올려다본 천정에는 생각지 못했던 문양이 그득했습니다. 순간 문양의 매력에 빠져, 아예 드러누워 한참을 바라보았습니다. 선과 면, 극명한 색상대비로 그려진 문양이 가득했습니다. 사찰에서 본 것과는 또 다른 단순한 형태의 반복은 많은 이야기를 담고 있었습니다. 이어 시선을 옮겨 궁중 건물을 둘러보았습니다. 궁에 그려진 문양에서 번짐이나 흐릿함을 보기는 어려웠습니다. 문양은, 세상 모든 것을 모아 정제해서 그렸기 때문인지, 단순 명료했습니다. 이런 공간에서 정재가 추어졌습니다. 춤 또한 단순함으로 세상 움직임을 담아냈습니다.

순종(純宗)으로 그 마지막을 맺은 왕조는 이제 사라져 옛이야기가 되었습니다. 허나 궁중(宮中)은 그곳에 그대로 남아, 지나간 '최고(最高, 最古)'를 간직하고 있습니다. 궁중의 문물은 오늘날 우리에게 다양하고 심도 있는 가르침과 영감을 줍니다. 그런데 '궁중' 하면 친근하지 않습니다. 벽이 느껴집니다. 건물의 높은 벽도 한몫했겠지만 그건 옛말, 이제 모두에게 개방된 건물은 우리에게 얼마나 친숙합니까. 궁중과 나와의 거리를 만드는 벽의 실체는, 한문(漢文)입니다. 궁중춤, 정재 또한 마찬가지입니다. 춤 기록에는 한자로 이뤄진 낯선 단어들이 촘촘합니다. 그런데 안타깝게도 한자와 우린 거리가 좀 있습니다. 그래서 한자는 꼭 벽에 줄지어 붙은 수문장 같습니다. 하지만 겁먹을 거 없습니다. 제복 입은 경찰들을 보십시오. 그 카리스마에 쭈뼛하게 되지만 길을 알려 주는 눈빛은 또 얼마나 친절한가 말입니다. 한자에 조금만 붙임성을 보이면 금세 닫힌 문을 열 수 있습니다. 그 붙임성 내가 미리 사용해서 열어놓았습니다. 그러니 금세 내부를 탐색할 수 있습니다.

낯설 겁니다. 어찌 보면 당연한 일입니다. 현 문화에 익숙한 눈으로 궁중춤을 감상하곤 느리고 지루하다는 평을 듣기도 합니다. 그러니 이번 수다에서는 더욱더 '이해를 통한 납득'에 초점을 맞추면 좋겠습니다. 크게 보고 전체적인 개요를 잡으면 친숙한 눈이 생길 거라 확신합니다. 일단 친숙해지면 정재 특유의 매력도 비쳐 나올 겁니다.

정재 기록이 대부분 조선의 것이어서 당시 국가이념을 염두에 둬야 한다는 점도 유념해야 합니다. 그 이념은 이미 알고 있듯이 유교입니다. 유교는 정재의 핵심 요소가 됩니다. 그런데 수입된 유교에, 이전 문화의 영향이 이어지고 다양한 기층문화 또한 합쳐져 사용됩니다. 그래서 실제 사용이 그리 단순하지 않습니다. 이에 대한 것도 조금의 설명이 붙으면 이해하기 충분합니다. 그러니 걱정은 밀어놓아도 좋습니다.

한자, 낯섦, 유교를 헤치고 보면, 좀 더 편하게 궁중 춤을 읽을 수 있습니다. 이점 기억하고, 출발하겠습니다.

제례악과 연례악 QR-19

궁중에서 전하는 예술은 크게 제례악(祭禮樂)과 연례악(宴禮樂)으로 나뉩니다. 간단하게 전자는 제사, 후자는 잔치를 떠 올리면 되겠습니다.

제례악은 말 그대로 제례, 제사에 쓰이는 예술 행위를 말합니다. 우리 조상이 이렇게 멋쟁이들입니다. 제사에 엄숙한 예만 올린 것이 아니었습니다. 각각의 공간을 음악으로 채우고 너른 뜰을 춤으로 꾸몄습니다. 제사는 그 종류가 많아서 일일이 다 언급할 수 없으니 대표적인 몇 개를 소개하겠습니다. 대표적인 국가제의로, 종묘(宗廟)에서 조선왕조 선대 조상에게 올리는 종묘제례, 유교를 집대성한 공자와 제자들을 위해 문묘(文廟)에서 올리는 문묘제례, 농사와 관련한 사직대제(社稷大祭), 영성제(靈星祭) 등이 있습니다. 이 중 종묘제례와 문묘제례는 제례 안에서 행해졌던 예술이 매년 실행되고 있습니다. 음악은 종묘제례악, 문묘제례악이라 하고, 춤은 일무라 합니다. 전승 활동이 활발하니 우리춤과 관련해 주의 깊게 볼 만합니다.

연례악은 제례악 이외의 모든 행사와 연회에서 행해지던 예술 행위를 말합니다. 연례악에 쓰인 춤은 당시 추구했던 예악정신을 근본으로 해서 만들어졌습니다. 그래서 주제를 정하거나 춤을 만듦에 있어 군왕 칭송, 질서, 효 등을 주 가치로 삼았습니다. 현재에도 재연된 수가 많고 다양한 내용을 담아 다채롭게 공연되고 있습니다.

정재 QR-20

일반적으로 궁중춤이라고 하면 대부분 연례악, 즉 잔치에 등장하는 춤을 말합니다. 그리고 '재주를 드린다'는 의미의 '정재(呈才)'라고 부릅니다.

정재는 보통 궁중 예술 중, 춤 부분을 가리킵니다. 그러나 그 명칭에서 보이듯이 딱히 무언(無言, Non-verbal performance)으로 진행되는 춤만이 아닙니다. 춤과 더불어 연기, 시 낭독, 연주 등도 아우릅니다. 예부터 전해오는 예술은 춤이면 춤, 음악이면 음악으로 분할 인식하지 않았습니다. 종합예술 특성을 가져, 하나의 제목 아래 여러 가지 예능이 함께 선보였습니다. 정재를 전승하는 '국립국악원'이란 명칭에도 이런 특성이 함유되어 있습니다. 국악원의 '악(樂)' 안에 기악, 성악, 춤, 연희 등이 포함됩니다. 물론 제례'악', 연례'악' 등도 이와 같습니다. 그러니 정재란, 춤을 중심으로 노래, 연기 등을 함께 선보이는 궁중 예술장르라는 뜻으로 보면 되겠습니다.

정재에서 가장 많이 보이는 춤 외의 형식은 창사(唱詞)입니다. 정재를 보면 손으로 입을 살짝 가리고 노래를 부르는 장면이 있는데, 창사를 부르는 부분입니다. 노래할 때 한삼 낀 손이 입을 가려 눈만이 보이는데, 분위기가 독특합니다.

의궤와 홀기 그리고 도병

현재 무대에서 행해지는 궁중 춤은 대부분 조선의 기록을 바탕으로 합니다. 조선왕조 오백 년의 다양한 기록은 오늘날 엄청난 자원으로 활용되고 있습니다. 그런데 이 자원을 활용하기에는 몇 가지 열어야 할 문이 있습니다. 한자로 적힌 기록은 작성방식이 현재와 다르며, 시대적으로 다양한 기록물은 여기저기 흩어져 있습니다. 이런 이유로 통합적으로 살피려면 어려움을 겪게 됩니다. 자료를 종류별로 묶어 살피면 큰 그림을 그리기에 좀 쉽겠지요. 그래서 궁중 춤과 관련해서 꼭 알아두면 좋을 대표적 기록양식을 몇 개 소개합니다.

지금도 특정 행사를 마치면 보고서를 작성하듯이, 예전에도 마찬가지였습니다. 행사의 전반적인 내용을 그림과 글로 작성한 책을 발간했는데, 이를 '의궤(儀軌)'라고 합니다. 의궤에는 행사 계획, 준비과정, 목록과 내용, 물품 소요와 구입, 인원, 장소의 행사장으로의 변화상 등이 조목조목 적혀있습니다. 이처럼 세밀하게 기록한 것은, 당시 다양한 기록방식이 없어서이기도 하며(예를 들어 사진이나 영상 촬영이 있었으면 이 아름다운 책은 없었을지도 모릅니다), 추후 있을 행사의 전례(典例)로써 삼으려는 의도로 만들었기 때문입니다. 각 의궤는 『진연의궤(進宴儀軌)』, 『진찬의궤(進饌儀軌)』, 『진작의궤(進爵儀軌)』 등 각 잔치의 특성을 담은 이름을 붙여 전합니다.

의식과 절차를 간단한 내용으로 적은 '홀기(笏記)'는 일종의 메모장이라고 할 수 있습니다. 작게 접은 종이를 홀 뒤에 붙이거나 표지에 배접한 종이를 접어, 휴대하여 사용하기 쉽게 만들었습니다. 가지고 다니며 언제라도 내용을 점검하며 행사가 진행되도록 돕는 역할을 한 것입니다. 홀기는 그 쓰임에 따라 정재무도홀기, 혼례홀기, 제례홀기 등이 전합니다.

행사내용을 그림으로 그려 병풍으로 제작해 보관하기도 했는데, 이를 '도병(圖屛)'이라 합니다. 도병에 쓰이는 그림에는 몇 가지 특이한 점이 있습니다. 먼저 왕과 왕세자 등 왕족의 모습이 보이지 않는다는 점입니다. 반면, 행사 참여 인원에 대해서는 그 역할이 잘 보이도록 세밀하게 기록되어 있습니다. 그래서 춤 내용과 연주 형태 등 행사내용에 더 집중하게 됩니다. 다음으로 연행 종목들이 한 장에, 한꺼번에 그려져 있다는 점도 주목할 만합니다. 도병은 병풍의 여러 폭에 그림을 붙인 것을 말하는데, 그중 한 폭에는 당일 행해졌던 춤이 모아 그려져 있습니다. 만약 한 폭의 그림에 춤이 다섯 종목 그려져 있다면, 한꺼번에 여러 춤을 합동으로 춘 것으로 보면 안 됩니다. 순서대로 행해졌던 다섯 종목을 한눈에 알아보기 좋게 표기한 것이라 이해하면 되겠습니다.

악학궤범

성종 때 만들어진 『악학궤범(樂學軌範)』은 우리춤을 살핌에 있어 알아두면 좋은 책입니다. '궤범'은 본보기가 될 만한 규범(規範)이나 법도(法

度)를 기록한 책을 일컫습니다.『악학궤범』은 당시 연행예술에 관한 내용을 총망라하여 규범으로 제시한 책입니다. 음악 이론, 연주법, 춤 종류와 순서, 사용되는 악기와 소품, 의상 등이 소상하게 기록되어 있습니다.

조선 이전부터 전승된 춤과 음악은『고려사』제70권과 제71권에 실린「악지」에 전합니다. 성종 대에 이르러 조선만의 예악을 정비하고자『악학궤범』을 편찬했습니다. 이후의 춤은 당연히 이 자료를 참조로 만들어지고 수정되었을 것이라 추론합니다. 그래서『악학궤범』은 조선 시대를 꿰뚫는 궁중 춤의 핵심 내용을 담은 책이라 하겠습니다.

보면 참 아름답다고 느끼게 되는 책이 있는데, 이 책이 그렇습니다. 안에 담긴 설명 그림이 자세하고 곱게 그려져 있으며 배열도 균일하게 되어 있습니다. 살피는 재미가 있는 멋진 책입니다.

일무

현재 종묘나 문묘 앞뜰에서 줄을 지어서 같은 동자으로 움직이는 춤을 볼 수 있는데, 일무(佾舞)입니다. 일(佾)은 열(列), 줄과 같은 뜻입니다. 그러니 일무란 나열해서 추는 춤이라는 뜻이 됩니다. 하지만 실제 줄을 서서 움직인다고 해서 함의를 여기에 국한한다면, 춤의 의도에 비하여 조금 아쉬운 해석입니다. 줄을 서는 것이 의미하는 것은 질서와 예 그리고 절도의 표현이라 생각하는 게 좋습니다. 제례나 회례연(會禮宴, 매년 초에 임금과 신하가 함께 했던 공식 행사로 신년 하례회 정도를 의미합니다) 등에 추었기에, 위계질서와 극진한 예의 등을 함축적으로 담았습니다. 그래서 리듬감으로 흥을 표현하는 여타 춤과는 다르게 절도 있는 모양새로 구성되어 있습니다. 일무는 각기 정해진 곡들에 맞추어 참여 인원 모두 일사불란(一絲不亂)하게 같은 동작으로 움직이는 형식입니다. 크게 문무(文舞)와 무무(武舞)로 나뉩니다. 문무와 무무는 각기 지정된 소품을 들고 지정된 악곡을 모두 외워 움직입니다. 무보 내용이 일정한 규칙하에 반복되는 게 아니고 악곡 흐름에 딱 맞게 지정된 동작을 실연합니다.

과거에는 종묘나 궁궐 뜰에서 행해졌던 춤입니다. 하지만 현재는 주로 극장 무대 위에서 행해집니다. 그러니 실행과 감상에 있어 중요점이 변했습니다. 과거와 다르게 현재는 정적이고 구조화된 공간, 밝은 조명 아래에서 움직이기에 참여 인원 모두 세밀하게 동작을 맞춥니다. 대형 중 누군가 잠시 호흡만 흐트러뜨려도 전체 움직임이 깨어지고 맙니다. 그렇기에 재연하는 무용수들이 가장 까다롭게 생각하는 종목 중 하나입니다.

효명세자의 정재

효명세자는 우리춤을 얘기하면서 빼려야 뺄 수 없는 인물입니다. 그는 18세에 대리청정을 시작한 이후 21세에 세상을 등지기 전까지 슬프도록 짧은 기간 동안, 여러 편의 정재 창작에 관여했습니다. 잔치에 쓰이는 악장을 직접 지은 것입니다. 왕족으로서 자신이 직접 악장을 지은 것은 이

례적인 일입니다. 물론 세종, 헌종, 영조, 정조 등도 어제(御製, 임금이 직접 짓거나 만듦) 가사를 지은 기록이 있지만, 다양한 행사를 감안 했을 때, 이런 일이 일반적인 일이라고 볼 수는 없습니다. 효명세자의 어제 가운데 새로운 춤이 다수 창작되었습니다. 그러니 그가 춤 제작에 동참하였을 거라는 합리적 추론 또한 그리 어렵지 않게 할 수 있습니다.

참여했다는 것보다 더 집중해 보아야 할 것은, 그가 만든 정재가 이전과는 현저하게 다른 양상을 보인다는 점입니다. 이전까지의 정재는 모두 군무(群舞, 2인 이상의 춤)로 표현되었습니다. 그런데 효명세자 당시 창작된 정재에서 처음으로 군무가 아닌 독무(獨舞, 1인무)가 나타납니다. 이 춤이 바로 <춘앵전(春鶯囀)>과 <무산향(舞山香)>입니다. 이 두 작품에 새롭게 나타나는 특징을 보겠습니다. 먼저, '형식 타파'입니다. 궁중정재는 당악정재, 향악정재 등으로 나뉩니다. 이건 수입된 춤이냐(당악정재), 우리 자체적으로 만든 춤이냐(향악정재)의 분별을 말합니다. 이 두 부류는 춤의 유입 혹은 창작 경로, 춤을 인도하는 인도자가 있는가, 한문가사 치어(致語)나 구호(口號) 혹은 국문 가사를 사용하는가 등의 특징으로 나뉘었습니다. 그런데 춘앵전과 무산향은 이전 쓰였던 이러한 형식들에 얽매이지 않습니다. 두 번째로, 우뚝 '혼자 춘다'입니다. 이전까지 정재에서 혼자 추는 춤 기록은 전무(全無)였습니다. 어떻게 그럴까 싶지만 그랬습니다. 셋째는 '춤을 추는 공간이 따로 마련된다'입니다. 춘앵전은 돗자리의 하나인 화문석(花紋席) 위에서, 무산향은 이동식 마루인 대모반(玳瑁盤) 위에서 추었습니다. 정해진 공간을 벗어나지 않고 그 안에서 오롯이 춥니다. 춤의 독창성을 고취한 부분이라 할 수 있습니다.

이 세 가지 특징의 중심에서 '개인'이라는 개념을 추출할 수 있습니다. 궁중춤에 개인을 중심으로 한 예술표현이 드러난 경우는 이전까지 없었습니다. 궁중 예술을 위해서 개인의 예술이 필요했지만, 개인이 집중되거나 도드라진 일은 없었지요. 개인은 근대사회의 가장 핵심이 되는 특징으로 꼽힙니다. 효명세자의 정재로 전근대사회의 춤 양식인 궁중춤에, 근대사회로의 새로운 여명이 떠오른 것입니다. 이 점이 효명세자의 예술성을 더욱 귀중하게 평가하는 부분입니다. 물론 효명세자가 이러한 사회문화적 특성을 예술 양식에 독자적으로 발생시킨 것은 아닙니다. 당시 궁 밖에 새로운 문화 흐름이 있었습니다. 신부호(新富豪)가 등장했고 이에 후원을 받는 전문예술가들이 급부상했습니다. 그래서 자연스레 예술 양식이 풍부해졌습니다. 효명세자는 이러한 문화 변화의 흐름을 잡아내고 이를 활용한 것입니다. 이렇듯 감각 있는 효명세자의 활동으로 만들어진 정재는, 오늘날 우리 문화 자생적 근대성 발생의 근거가 됩니다.

문득 궁금증이 입니다. 현재는 <춘앵전>과 <무산향>을 학습해야만 여타 다양한 정재가 가능합니다. 반면 이 두 춤 초연(初演) 형태를 세부적으로 명확하게 알 수는 없지만, 당시 어린 무동(舞童)이 추었기에 그다지 예술성이 뛰어났다고 말하기는 저어됩니다. 그렇다면 예전 이 두 춤이 생기기 전에는, 무얼 기준으로 춤을 학습했을까요? 참말 궁금합니다.

한삼

지금이야 '도대체 뭔 소리'라고 하겠지만, 옛사람들은 예를 갖춰야 하는 장소에서 남녀를 불문하고 손발을 밖으로 내놓는 것을 꺼렸습니다. 그래서 옛 옷들은 소매 폭을 넓고 길게 만들어 손을 가리게 만든 옷이 대부분이었습니다. 특히 격식을 차리는 자리에서 입는 옷에서의 가림은 더했습니다. 상황이 이렇다 보니 손을 가리는 용도의 장식이 무척 많은데, 겨울에 보온을 위한 손 가리개 외에도 여러 모양이 있습니다. 손을 가리기 위해 옷 소매에 길게 붙였다가 필요에 따라 때때로 접어 썼던 '거들지'가 있습니다. 거들지는 이제 소매 모양으로 남아있습니다. 혼례복 등에 보면 길고 넓은 소매를 붙인 걸 볼 수 있는데, 이걸 '한삼'이라 합니다. 한삼은 거들지와 같이 소매에 덧붙여 쓰였고, 분리되어 손목에 착용하는 긴 소매로 변형되어 사용하기도 합니다.

일반적으로 정재 한삼이란, 긴 비단 천을 원통형으로 만든 것을 말합니다. 한삼은 팔목에 매달려 움직이며 다양한 표현을 드러냅니다. <포구락>·<향발>·<박접무>·<춘앵전>·<무산향> 등에 사용됩니다. 이때는 한삼의 활용도가 돋보이는 동작이 다수 쓰입니다. 반면, 한삼이 분리되어 사용되기 이전의 기록에는, 한삼이라기보다 긴 소매를 이용한다는 느낌의 옷이 사용되었습니다. 예를 들어, <처용무>나 조선초기(세종조) <무고>에 쓰이는 한삼은, 속에 입는 저고리나 '백질흑선중단의'라고 부르는 상의 등에 아예 길게 붙은 형태입니다. 이 경우에 춤을 출 때 한삼이 속옷에 붙어있기에, 다양한 활용이 불가하고, 분리된 한삼보다는 몸의 느낌이 직접적으로 드러납니다.

  한삼은 사용되는 색상으로도 나뉩니다. 기본적으로 가장 많이 사용하는 것은 오색한삼입니다. 이것은 다섯 가지 색 천을 잇댄 색동으로 만든 것입니다. 그 외에 녹색, 홍색, 흰색 등 단일 색 천으로 만든 한삼을 사용합니다. 시대별로 그리고 착용하는 의상에 따라서도 다른 색 한삼을 씁니다. 춘앵전은 초연 때 홍색한삼을 사용했습니다. 하지만 근래에 와서는 오색한삼을 사용하기도 합니다. 이러한 사용은 남겨진 착복기록에 따른 것입니다.

황초단삼

  황초단삼은 정재 재연 중 가장 많이 착용하는 겉옷으로, 여성 정재복식의 대명사라 할 수 있습니다. 기축년(己丑年) 『진찬의궤(進饌儀軌)』 권3, 「공령(工伶)」 편에는 여자 무희 복식에 관한 다음과 같은 기록이 나옵니다.

  각 춤 정재여령(呈才女伶)은 화관(花冠)을 쓰고 초록단의(草綠丹衣), 황초단삼(黃綃單杉), 남색속치마(裏藍色裳), 홍초겉치마(表紅綃裳), 홍단금루수대(紅緞金縷繡帶), 오색한삼(五彩汗杉), 초록혜(草綠鞋)를 착용한다.

이걸 입는 순서대로 설명해 보면,

(먼저 속옷을 잘 차려입습니다) 남색 치마를 입습니다. 그 위에 붉은색 짧은 겉치마를 두릅니다(이로써 이중 치마를 입은 것처럼 보이거나, 남색 치마에 붉은 앞치마를 걸친 것처럼 보입니다). 다음으로 상의를 입는데, 초록색 저고리를 입고 그 위에 반 팔 길이의 노란색 긴 겉옷을 입습니다. 가슴에는 금박으로 그림이 그려진 붉은 띠를 두릅니다. 이때 뒤에 매듭으로 고를 내 아름답게 늘어뜨리는 게 포인트입니다. 머리 형태는 쪽을 진 머리에 '큰머리'라고 불리는 가채를 썼습니다. 그 위에 금박, 보석, 꽃으로 장식한 화관을 얹습니다. 발에는 초록색 가죽신을 신고, 손에는 오색한삼을 착용합니다.

이상과 같이 입는 방식을 통상 '황초단삼'이라 칭합니다. 이 외에도 다양한 복식이 있으니, 위 복식이 기본이라고 참조하면 좋겠습니다.

남자복식은 작품마다 차이가 큽니다. 그래서 따로 무동 기본복식이라 할만한 정리를 찾기보다, 각 작품 안에서 이해하는 것이 더 수월합니다. 그런데 아래와 같이, 여러 작품에 하나의 복식 형태가 사용된 기록이 있으니 살펴보겠습니다.

다음은, 무자년(己丑年) 『진작의궤(進爵儀軌)』 부편(附編), 「공령(工伶)」편에 보이는 <무고>·<향발>·<아박>·<포구락>의 무동(舞童) 복식에 관한 기록입니다. 원문을 읽기 편하게 풀어보았습니다.

무고, 향발, 아박, 포구락 무동: 머리에는 아광모(砑光帽)를 쓴다. (바지저고리를 입고) 먼저 흰 바탕에 남색선을 두른 중단의(白質藍䋺中單衣)를 입고, 그 위에 홍라포(紅羅袍)를 겉옷으로 착용한다. 허리에 남색 바탕에 검은색 선을 두른 치마(藍質黑䋺裳)를 입고(치마를 겉옷 안에 입는지 위에 입는지는 의견이 분분합니다. 참고로, 이제까지 국립국악원 정재 공연에서는 안에 착용한 것이 일반적입니다), 손에는 녹색한삼(綠汗衫)을 착용하고, 허리에 학정대(鶴停帶)를 띠고, 발에는 흑화(黑靴)를 신는다.

옛 옷을 입는 법은 간단치 않습니다. 집안 제사 의식이 각기 다르듯이, 전하는 이에 따라 언급하는 규정이 조금씩 다릅니다. 그리고 옷을 입거나, 머리를 단장하고, 화장하는 방식에는 세밀함이 요구됩니다. 하지만 기록에는 한계가 있을 수밖에 없습니다. 전문가가 전하는, 법도에 맞게 복식을 착용하는 법을 듣다 보면, 규범은 끝도 없이 느껴집니다. 너무 많이 들어가면 어렵습니다. 이 정도로 살펴보고, 전체 윤곽을 잡도록 하면 좋을 듯합니다.

화전태와 미롱 QR-21

<웃는 여잔 다 이뻐>라는 옛 노래가 있지요(김성호, 1989). '어쩔 줄을 모르고 가슴만 두근' 거리게 만드는 여자의 미소. 어디 여자뿐이겠습

니까? 모든 미소는 아름답습니다. 그 미소를 추는 정재의 단어가 화전태와 미롱입니다.

'꽃 앞의 자태'로 해석되는 화전태(花前態)는 춘앵전에 나오는 동작 중 하나입니다. 화전태는 춘앵전 중 가장 춘앵전다운 미가 드러나기에 화룡점정(畵龍點睛)이라 할 수 있습니다.

춤 동작은 단순합니다. 박자에 맞춰 발을 디디며 팔은 옆으로 크게 원을 그려 내립니다. 뒷짐을 지고는 양쪽으로 번갈아 한발을 내놓는 듯한 재주를 보입니다. 이때, 꽃 앞에 선 듯 기쁘고 밝은 모습을 보이는데, 얼굴에는 그 어느 때보다 환한 미소를 띱니다.

정재 전반에는 밝은 미소가 깔려있습니다. 단, 일반적으로 정재를 출 때 표정에는 꼭 지켜야 하는 불문율이 있습니다. 사람의 하얀 이를 그토록 유혹적으로 보았던 것일까요? '이'를 보이며 웃으면 안 됩니다. 마음 가득 기쁨을 갖지만, 입을 벌려 웃을 정도로 자신을 내보이지 않는 겁니다. 품격을 지켜야 하기 때문입니다.

춘앵전의 화전태는 '미롱(媚弄)'이라는 단어로 표정이 더욱 강조됩니다. 한자를 풀면 아양을 떨며 논다, 정도의 뜻이 될듯합니다. 스승들은 미롱이라는 단어로 화전태에, 입안의 하얀 이가 보일 듯 말 듯, 이가 보이는 것도 아니고, 아니 보이는 것도 아니게 웃어야 한다는, 고난도 기술을 요구합니다. 한국형 모나리자급 웃음이라고 해야 할까요? 잠시 스쳐 지나가는 듯한 한 번 웃음에 초강도 긴장이 만들어내는 표현력이 폭발해야만 하니, 보기에 좋지만 참으로 어려운 부분입니다. 오늘도 연습실에서는, 아름다운 웃음이란 게 과연 연습으로 가능한 건지 아닌지 모른 채, 수

련은 거듭됩니다.

처용무 QR-22

<처용무(處容舞)>는 『삼국유사』에 나오는 신라 처용설화를 근원으로 하는 춤입니다. 처용설화는 익히 잘 알려져 있듯이, 동해바다의 왕자 처용 이야기입니다. 역신을 굴복시킨 후 모든 이의 집 앞에 처용 얼굴을 붙여 나쁜 기운을 물리쳤다는, 재미난 이야기 말입니다. 역신을 물리친 처용은 이후 나쁜 기운을 물리치는 좋은 에너지의 대명사로 쓰였습니다. 처용무 또한 액운을 물리치고 정화하는 의미로 많이 공연되었습니다.

왕자 처용은 한 명이었지만, 지금 전하는 처용무는 5인이 추는 <오방처용무>가 주로 공연됩니다. '오행'이라는 유교의 우주관이 합쳐진 결과입니다. 다섯 명이 다섯 방위를 상징하는 색인 노랑(중앙), 파랑(동), 하양(서), 빨강(남), 검정(북) 옷을 입고 기운찬 동작을 보입니다. 차림을 보면 뭐니 뭐니 해도 탈이 압권인데, 얼굴에 딱 맞는다기보다 좀 크게 보이는 검붉은 탈을 씁니다. 탈에는 수염이 붙어있고 둥그런 귀고리 장식을 했으며, 복숭아와 모란꽃으로 꾸민 모자를 쓰고 있습니다. 처용무는 남성 정재의 대명사로 불리었습니다만, 여성이 치마를 입고 추었던 기록도 보입니다.

처용무는 나라에 경사가 있을 때면 궁중연희 끝에 자주 연행되었다고 합니다. 그리고 지금도 활발하게 공연되고 있어, 남성 정재하면 떠올리는 대표작으로 자리매김하고 있습니다. 이에 반해, 현재, 지방마다의 처용무 양식이 전하지 않는 것은 특이합니다. 오랜 시절 전해져 왔을뿐더러, 동해 앞바다라는 지역적인 발생점이 명확하기 때문입니다. 지금으로부터 그리 오래지 않은 1872년, 정현석이 진주목사로 재직하며 당시 연희를 보고 지었다는 『교방가요』에 <처용가무(處容歌舞)> 등의 기록이 보이는 것을 생각하면 참으로 이상합니다. 어쩌다가 전승이 끊긴 것일까요? <아리랑>은 지역마다 특색을 갖춘 지역 고유의 아리랑이 전합니다. <살풀이춤>이나 <승무> 또한 그렇습니다. 궁중 춤도 민간과 연관을 가졌습니다. 그래서 일부 지방엔 저마다 <무고>나 <승전무>, <검무>, <포구락> 등 관아에서 행한 예술이 궁중춤과의 연관성을 보이며 전합니다. 이에 비해 처용무는 그렇지 못합니다. 많은 수공과 금전 지출이 따르는 탈과 의상이 있어야 해서인지, 혹은 지방마다의 탈춤 문화에 흡수되어서인지, 다양한 연구에 의해 밝혀지면 좋겠습니다.

선유락 QR-23

삼면이 바다인 한반도는, 물가에서 부르는 이별 노래가 많습니다. 선유락(船遊樂)은 저 옛날 선창(船艙)에서 부르던 이별노래 <배따라기>와 연결됩니다. 궁궐 밖에서 추던 춤을 궁궐 안으로 들인 경우가 있는데, 선유락이 그중 하나입니다.

'채선(彩船)'이라 불리는 배에 돛을 올리고 두 명의 어린 무희가 앉아있습니다. 배 주변에는 약 스무 명 이상 되는 무용수가 배열하였습니다. 그들 앞에는 연희를 집행하는 군관 복식의 집사 두 명이 의젓하게 서 있습니다. 집사의 명에 의해 취타대 연주가 시작되고 무용수들은 '어부사'를 부릅니다. 동시에 배에 연결된 줄을 당겨 배를 돌리기도 하고 줄지어 원을 만들기도 하는 등 다양한 모양으로 춤을 춥니다.

기본적으로 배가 필요하고 많은 무용수가 있어야 하기에, 규모가 큰 잔치나 잔치 말미에 많이 추어졌습니다.

포구락 QR-24

포구락(抛毬樂)은 그 역사가 고려 시대로 올라가, 당시 교역국이었던 송나라에서 들여왔다는 기록이 있는 놀이춤입니다.

가운데 놓인 '포구문(抛毬門)'이라는 설치물에는 '풍류안(風流眼)'이라는 구멍이 뚫려 있습니다. 무용수는 그 구멍에 '채구(彩毬)'라고 불리는 공을 던집니다. 공이 들어가면 상을 받고 들어가지 못하면 벌을 받습니다. 이런 놀이를 놀이만으로 자유롭게 행한 게 아니라, 음악과 대형으로 구성을 짜, 춤 형식으로 만들었습니다.

놀이춤이기에 일정한 정치적 의도나 교훈은 크지 않습니다. 다만 짜임에 있어 질서와 규율을 그 바탕으로 해 구성합니다. 그래서 대형을 만들며 선의 유동을 보이는 구성에, 질서정연하고 완벽한 대칭을 추구합니다.

학무 QR-25

학무(鶴舞)는 고려 이전부터 전해진 것으로 알려져 있습니다.

현재 남은 형태는, 연꽃 안에서 무용수가 등장하는 '연화대(蓮花臺)'라는 춤과 연결하는 형태의 '학연화대합설무(鶴蓮花臺合設舞)'가 많이 공연됩니다. 커다란 연꽃이 마련된 무대에 학이 등장하여 춤을 추고 마침내 연꽃을 쪼아 터트리면, 그 안에서 무용수가 나와 다양한 춤사위를 보이는 형식입니다. '학연화대합설무'에 처용무가 더해져 함께 추어지기도 하는데, 이를 '학연화대처용무합설(鶴蓮花代處容舞合設)'이라고 합니다. 개인적으로, 정재를 처음 대하는 이에게 가장 추천할만한 작품으로 학연화대처용무합설을 꼽습니다. 벌어진 연꽃 앞에서 펼쳐지는 학과 처용 그리고 무용수의 군무는 장관입니다.

학춤의 학은 흰색인 백학, 푸른색인 청학이 있습니다. 그러나 현재, 과거에 학을 제작했던 기술이 단절되어 완벽한 재현이 불가합니다. 참으로 아쉬운 점이라 하겠습니다.

검기무 QR-26

검기무(劍器舞)는 검무(劍舞), 공막무(公莫舞) 등과 같은 계열로 검을 들고 추는 춤입니다. 이 춤 양식은 신윤복의 <쌍검대무>라는 멋진 그림으로도 잘 알려져 있습니다. 군관 모습을 본딴 무용수가, 전립을 쓰고 쾌자(快子)를 입고 검을 들고 추는 춤입니다. 왜 그랬을까요? 여성들이 추는 검무(劍舞)는 과거로부터 많은 관심을 받았습니다. 아마 그 옛날에도 걸크러쉬(Girl crush)의 매력이 통했나 봅니다.

검(劍)은 양날을 날카롭게 한 도구를, 도(刀)는 한 날을 날카롭게 한 도구를 말합니다. 그런데 지금 쓰이는 검기는 한쪽 날만 날카롭게 한 '도'의 형태입니다. 그래서 지금까진 전해진 검무는 '도무(刀舞)'라는 이름이 오히려 더 맞습니다. 그런데도 검무라는 명칭을 사용한 건 아마 검무가 검술, 검객 등과 관련한 고사(古史)와 연결되어 창작되었기 때문인 것 같습니다. 동양에서는 검보다 도의 사용 빈도가 높았던 점도 연결해 생각할 수 있습니다. 실생활에 익숙한 도를 춤에 사용하면서도 명칭은 검무라 부르며 이를 불편하게 느끼지 않았을 가능성을 생각해 볼 수 있기 때문입니다.

여타 정재와 다른 검무의 특이점으로 '손이 보인다'는 점을 들 수 있습니다. 전통사회는 예의범절을 지키는 것이 무엇보다 중요했습니다. 그래서 실용성은 예(禮)의 뒤로 미뤄놓는 경우가 다반사였습니다. 정재 또한 마찬가지입니다. <선유락> 뱃줄 잡는 손도, <포구락> 채구 던지는 손도 한삼을 끼었습니다. <향발무(響鈸舞)>는 향발이라고 하는 악기(손가락에 끼우는 금속 악기로 흔히 잘 아는 캐스터내츠(castanets)와 닮았습니다)를 치며 추는 춤입니다. 향발 또한 한삼 안에 가려져 보이지 않고 소리만 들립니다. 이와 같이 검무 외에는 정재에서 손을 바깥으로 드러내는 춤이 없습니다. 남성 춤 또한 마찬가지입니다(일무가 있는데 이 춤은 미적 향유보다는 의도의 전달이 먼저입니다. 그리고 남성의 공간에서 남성

들로만 이루어진 춤이기에 사용이 조금 다릅니다).

  궁 밖에서도 인기 종목이었던 검무는, 민간에서 궁중으로 유입된 양식입니다. 검무에 관한 민간 기록이 다른 춤에 비해 다양하게 남아있습니다. 그래서인지 다른 정재들에 비해 동선이나 동작이 가져야 할 규칙, 규범에서 자유롭습니다. 손을 드러내고 춤을 추는 이유 또한 자유로운 표현이 거부감 없이 받아들여져서이리라 생각됩니다.

  이 밖에 다양한 정재가 있습니다.

  영지라는 연못을 가운데 두고 추는 <영지무(影池舞)>, 보상반을 놓고 채구를 던지는 <보상무(寶相舞)>, 나비가 그려진 아름다운 옷을 입고 다양한 대형을 추는 <박접무(撲蝶舞)>, 만수무강을 비는 <연백복지무(演百福之舞)>, 선계(仙界)의 상서로움을 바치는 <헌선도(獻仙桃)> 등은 알아두면 좋을 듯합니다.

  이상, 정재의 대략적인 모양을 살펴보았습니다. 부족한 필력을 통해 춤 매력을 느끼기엔 아쉬웠을 것입니다. 다만 정재의 대략적인 모양이 그려졌으면 합니다. 이제 실제로 정재를 감상하면, 춤 특유의 독특함에 아마 깜짝 놀라고 말 겁니다. 글로 읽은 것은 아무것도 아니었네, 하면서요.

시대 고민, 춤 창작

　시대의 고민은 언제나 새로운 결과물을 만들어냅니다. 춤도 이와 같아서 전통춤인 민속춤, 궁중춤 할 것 없이 모두 그 당시 고민이 만들어 낸 창작물입니다. 그러나 우리는 전통춤을, 춤이 만들어진 이후 오랜 시간이 지난 결과물로만 만나게 됩니다. 이렇듯 유물로 인식하기에, 전통춤은 원래 그러려니, 관념적으로 보고 맙니다. 이래서는 춤에 담긴 진정한 내용을 보기 어렵습니다. 옛 춤을 볼 때면 그 당시 유행, 지배적인 사상, 사고방식 등을 염두에 두어야 합니다. 그래야 진정한 당시의 춤을 만날 수 있습니다. 지금의 창작도 그렇습니다. 현재가 아무리 다채로운 사상이 섞여 있는 사회라고 생각될지라도, 그중 무엇을 지향하는지 분명히 하는 목표의식이 있어야 하지요. 그래야 과거에 대비한 현재의 탐색으로 올곧은 새로움을 모색할 수 있습니다. 그리고 미래를 위해 지금의 이것이 무엇인지 명확하게 해 둘 필요 또한 있을 겁니다. 하늘 아래 새것이 없다는 말이 있지 않습니까? 누구나 사회가 존재하는 한, 문화 흐름에 무관한 사람은 없습니다. 이러한 점이 자신의 위치를 멀리서 보려는 태도가 필요한 지점이고, 과거의 전통춤이 우리에게 다가오는 대목입니다.

　이 시대의 춤 창작을 정리하려니 참으로 난감합니다. 과거의 춤을 전통춤, 신무용으로 유형분류한 이후, 우리춤의 모든 작업이 현재진행형이라는 점 때문입니다. 현재 진행되고 있고, 완료 시점은 아직 모릅니다. 한 시대의 사상 흐름인 문화사조는 다음 시대에 이르러야 명명됩니다. 한참 진행되고 있는데 배를 놓았네, 감을 놓았네, 규정하는 것은 무의미하지 않겠습니까?

현재 춤 창작 중 완료된 유형을 뽑아 내놓기 저어한 또 다른 이유가 있습니다. 한마디로 말하면 '접점'의 문제입니다. 전통춤과의 접점, 신무용과의 접점, 타문화 특히 서구와의 접점이 진행 중입니다. 이제까지의 우리춤 창작을 보면, 다양한 의견이 교섭되고 충돌하는 과정이 지난(持難)하고 동시에 규정은 불분명합니다. 새로움을 주창하는 것을 '창작'이라고 한다면, 무엇과의 접점을 지향하는 새로운 '무엇'이 나와야 할 것입니다. 아니면 기존 것과 결별을 선언한 '새로운' 무엇이 나와야 합니다. 그리고 각 지향점을 명확하게 주창해야 합니다. 그런데 이게 분명치 않습니다. 결론이라고 할 '새로운 무엇'이 아직 정리되지 않습니다.

또 하나, 이렇게 결론이 도출되지 못하는 건, 동양의 창작이 '전승' 안에 있다는 점도 주요한 원인이 됩니다. 동양예술은 새로운 것을 만들 때면, 우선 과거양식을 규범으로 삼고 여기에서 한발 더 나아가려는 태도를 갖기에, 과거와 단절된 무엇이 불쑥 나타나지 않게 되는 특징 말입니다. 그런데 현 창작작업은 이점 또한 용인하지 않고, 새로움을 주창하는 태도만이 주류를 이룹니다.

이런 불가해한 점이 있습니다만, 전재했듯 현 문화가 계속 흐름 가운데 있기에 이후 창작자의 정신이라던지 사고(ism) 등으로 정리되고 정립됨이 이루어지길 고대할 뿐입니다.

현시대의 새로움을 전면에 내세운 춤이라면 '창작춤'을 들 수 있습니다.

사전적인 의미의 창작춤이란 '창작(創作)에 방점을 둔 새롭게 만들어진 춤'이라 정리해 볼 수 있습니다. 그러나 '무용계'에서 말하는 창작춤은 이와는 지점이 조금 다릅니다. '창작춤'은 1980년대 이후부터 현재 시점까지 만들어지는 춤의 한 계열을 일컫습니다. 물론 기존 것에 대비하여 추구하는 새로움을 말하지만, 이 작품들이 하나의 계열을 만들면서 '창작춤'이라는 영역이 형성되었습니다(마치 신무용의 형성을 보는 듯도 합니다). 이러한 창작춤의 발전은 재원이 풍부한 대학, 국공립 무용단을 중심으로 한 춤 아카데믹(academic)화와 무관하지 않아 이곳을 중심으로 발전해 왔습니다.

새로운 영역이 생기는 것은 두 손 벌려 환영할 일입니다. 창작춤은 우리춤에 새로운 활기를 불어넣었고 다양성의 범위를 넓혔습니다. 그러나 모든 영광에는 그림자가 있지 않던가요. 새로운 문제 또한 발생했습니다.

문제는, 창작춤 발생이 이전까지의 춤을 박제화하고, 드러나는 새로움을 창작으로 인정하지 않은 것입니다. '창작춤'계열이 구성된 이후부터 '무용계'에서 인정받는 스타일의 창작춤 이 외에는 모작, 모사 등의 개념만을 인정받게 됩니다. 그래서 정재는 기록을 그대로 재현하려는 경향(기록은 간단한 글과 그림만으로 되어있기에 재연에 상상력을 요구합니다)이 생깁니다. 그리고 민속춤의 즉흥성과 창작성은 제한되어, 문화재 1세대의 춤을 복사해내는 데 그칩니다. 이의 결과로, 전통춤이란 박제화된 예전의 무엇으로, 새로움과는 거리가 먼 것이라는 고정관념은 시멘트 벽에 박힌 철재인 것 마냥 꿈쩍 않게 되었습니다. 그런데 과연, 정말 그럴까요?

한국전쟁 이후 근대화를 이루는 과정에, 과거 전통을 되살려 주체성을 고취하고자 하는 노력이 여기저기 많았습니다. 그 결과 많은 성과가 있었고, 그 성과 중 하나가 현재의 '전통춤'입니다. 전통춤 1세대들(문화재 1세대를 포함합니다)의 춤에 새로움 없이 전대(前代)의 정립만 있는 것은 결코 아닙니다. 그들은 춤 안에서 끊임없이 새로움을 추구했습니다. 이후 춤을 이어받은 후대의 인식 안에서 그들의 춤이 완결된 형태로 보이는 건, 그들이 후대를 위해 새로움을 가미한 자신의 예술을 '정립'해 세웠기 때문입니다. 그래서 우리는 그들의 춤을 하나의 양식으로 받아들인 것입니다. 하지만 그들의 춤을 박제화된 유물로만 받아들여서는 안 될 것입니다. 정립 안에 든 새로움의 열망을 함께 읽어야 합니다. 그렇기에 이제 전통춤은 양식의 규정을 넘어 새로움을 만들어야 할 시점에 와 있다고 할 수 있습니다.

요즘 다행으로 여겨지는 것은, 전통춤에 창작 개념 유입이 조금씩 인정받고 있다는 겁니다. 최근 들어서 전통춤의 새로운 작업이 다양해지고 있습니다. 이제는 반짝 빛나는 새로움을 모든 전통춤에서 볼 수 있고 앞으로 확장해 갈 것입니다.

지금도 연일 새로운 시도가 무대에서 진행되고 있습니다. 하지만 국제화의 중심에 선 지금, 이 시도들이 우리춤이 말하고자 했던 '우리' 범주를 지키고, 이를 중심으로 새로움을 형성해내는지는, 인내를 갖고 좀 더 지켜보아야 합니다. 그리고 이를 위해, 좀 더 집중된 지원 아래 다양한 시도가 이루어지면 좋겠다고 생각해봅니다. 한편에서는, 새로운 예술을 행하면서 이러한 '우리'의 범주 같은 논점이 무슨 의미가 있느냐는 의견 또한 존재합니다. 찬반을 떠나 이제 전통춤을 중심으로 한 우리춤의 새로움에 대해, 그야말로 다양한 논의의 장이 흥미진진하게 펼쳐져야 할 시기가 아닌가 싶습니다.

어려운 시절 우리춤을 지켜 보듬어 안아, 오늘에 전해주었던 분들이 계십니다. 그들이 있었던 것처럼, 이 시기에도 곳곳에서 고민의 땀방울이 꿋꿋이 흐르고 있다는 사실이 아름답습니다. 이 점이 우리춤의 미래입니다.

이제 데이터(Data)의 시대입니다. 차곡차곡 잘 정리된 데이터 아래, 과거가 사라질 두려움, 왜곡될 걱정 없이, 우리춤의 새로움이 쨍하리만큼 명료한 스펙트럼으로 펼쳐지리라 확신합니다. 그 언제 어디에서나 새로움을 꿈꾸었던 우리춤을 말입니다.

Photo by 이제웅

 QR-12 <승무>

 QR-13 <한량무>

 QR-14 <입춤>

 QR-15 <장고무>

 QR-16 <태평무>

 QR-17 <부채춤>

QR-18 <무당춤>

 QR-19 <태평서곡>

QR-20 <수연장>

 QR-21 <화전태>

 QR-22 <처용무>

 QR-23 <선유락>

 QR-24 <포구락>

QR-25 <학연화대처용무합설>

 QR-26 <검기무>

수다 4

우리도 그들처럼

늙은 소년의 물빛 시선 ... 211
몸, 그 익숙한 낯설음을 향해 ... 225
그녀의 스펙트럼 ... 237
반짝이는 시선, 저 먼 시작점 ... 249
천 길을 향한 미롱 ... 259
드러난 미소로 읽히는 서린 춤결 ... 269

바둑을 잘 두고자 하는 데 먼저 두었던 이들의 복기(復棋)를 함께 하는 것만큼 도움이 되는 것이 어디 있겠습니까? 바둑알을 놓은 이의 해석이 곁들여진 복기를 통해, 미처 알지 못했던 세계의 문을 단번에 열 수 있습니다. 이런 자리를 통해, 현재 위치가 좀 더 명확해질 수 있습니다. 주춤함 없는 새로움을 꿈꿀 수도 있습니다.

여섯 분의 인생 선배를 모셨습니다. 우리춤을 삶의 초석으로 삼은 분들입니다. 남의 살아온 이야기만큼 재미난 것이 또 있을까요? 각자 삶이 어찌 그리 다르면서도 같은지 흥미롭습니다. 왜인지 모르게 끌리고 좋았답니다. 꼭 그래야 할 것 같아서 열심히 했답니다. 그러니 더 좋아지더랍니다. 어느덧 무거워진 어깨를 느끼지마는, 그 무게를 숙명(宿命)으로 삼아 인정한답니다.

숙명. 오늘날 참 만나기 어려운 단어입니다. 숙명은 사람이 태어날 때부터 선천적으로 타고난 운명을 말합니다. 글쎄, 그런 것이 진짜 있는지 없는지 그 누가 알겠습니까. 다만, 자신의 일을 통해 숙명을 보았다는 말에서, 그 어떤 어려움도 이겨낼 의지가 알알이 박혀있음을 봅니다. 평범한 수다를 통해 하나의 삶을 나눠주는 그들의 말과 말 사이에서, 춤을 내세운 굳센 다짐을 봅니다. 참, 근사합니다.

허심탄회한 회상과 진단 그리고 미래 예측 등이 여기 있습니다. 분명 춤을 좋아하는 이뿐만 아니라, 낯선 세계의 경험을 원하는 이에게도 벗이 되리라 생각합니다. 이들 얘기에서 지혜의 일침을 발견하고, 깜짝 놀랄 계기를 만나게 되면 좋겠습니다. 분명 명철한 통찰력(Insight)을 건지게 될 겁니다. 내게는 그랬습니다.

늙은 소년의 물빛 시선 QR-27

with 조흥동

(1941년, 경기도 이천 출생)

　남자로서 춤판에 살면서, 무용을 업으로 하는 남성을 만날 때면 예사롭지 않게 보게 됩니다. 춤판은 남성보다는 여성이 압도적으로 더 많은 곳이기에 애정이 더욱 유별나지는 겁니다.

　남성 춤꾼의 대명사인 월륜 조흥동 선생을 만나러 갔습니다. 오래전 첫 대면 때 보았던 눈빛은 소년의 맑음으로 다가왔었습니다. 오늘은 어떤 빛일까, 못내 궁금했습니다. 다 알려진 사람 얘기가 새삼 뭐 도움이 되겠냐며 말문을 연 그의 눈빛은 여전히 소년이었습니다. 저 소년의 눈빛은 이제껏 어디를 향하고 있었던 걸까, 알고 싶었습니다.

　그날의 만남을 빛깔과 연관 지어 정리해본다면, 난 물빛이라 말하겠습니다. 모든 걸 비춰내는, 흐르고 흘러야 맑음을 유지할 수 있는 바로 그 반짝거리는 물빛 말입니다. 유독 빛과 연관 지어 생각한 건, 그와 만남을 준비한 아침, 말에서 걷어 올릴 색에 대해 생각했었기 때문입니다. 과연 만남에서 보게 되는 건 무슨 색일까? 진취적인 푸른색, 열정을 담은 붉은색, 환희의 노랑색, 자기의 세계를 닫아 감추는 검정색? 무언가 하나의 색은 나오리라 기대했었습니다. 글재주가 미천하니 거기에 기대야겠다고 꾀를 냈었지요. 허나 막상 만나 삶과 춤을 주제로 대화하는 가운데 떠오른 것은 물빛이었습니다. 당혹스러웠습니다.

아, 내가 잘못 짚었구나.

언젠가 영상에서 본 듯합니다. 고승과 앞에 꿇어앉은 처사. 처사는 삶에 대한 고민을 토로하곤 잔뜩 기대하는 얼굴로 이내 나올 명쾌한 답을 기다립니다. 그러나 고승의 입에서 나온 건 의미를 단번에 알 수 없는 화두만이 툭, 그리고 이내 고승은 돌아앉습니다. 이어지는 다음 장면엔 처사의 얼굴을 스쳐 지나가는 당혹감.

얇은 천 두서너 장 정도의 겹침을 생각했는데, 앞에 버티고 있는 것은 두께를 가늠할 길 없는 큰 덩어리일 때의 당혹스러움이 이런 걸까요. 그런데 이어지는 대화가 점점 빨강도 파란도 아닌 물빛으로 드러나기에 오히려 내밀한 신뢰감은 조금씩 두터워져 갔습니다.

녹음을 정리하며 겹겹이 되새김해보니 물빛 아래 이리도 많은 조약돌이 박혀있었습니다.

정도와 십혼

대화 중 가장 많이 들었던 단어는 '정도(正道)'였습니다. 춤길에 갈무리되지 못한 현안들이 있습니다. 길을 잃은 후배나 제자들에게 도움이 될 법한 말이 있냐는 물음에 다음과 같은 답이 왔습니다.

"후배들한테, 정도를 걸었으면 좋겠어, 정도를 걸어라. 내가 살아온 시대하고 후배들이 살아가는 시대는 다른데. 그러믄 반문해서 당신은 정도를 걸었습니까, 라고 나한테 물으면, 내 나름대로 어느 정도는 걸었다고 그러지. 마음 같아서는 나도 별짓 다 허지, 어. 내가 몸이 말랐어도 한번 뻘거벗고 나체로도 추고 싶고, 그러나 그건 내가 정도가 아니다, 또 어떤 작품도 떠올려보지만 그건 또 아니다. 내 자신이 많이 오엑스를 긋지."

그의 정도는 춤에만 국한된 것이 아닙니다. 인간사 모두에 해당하는 기본 바탕입니다.

"좌우지간에 부부지간에도 정도를 지키는 거고 부자지간에도. 정도를 갔으면. 지금 무용계가 혼탁한 게 정도를 안가니까는 …… 춤 길을 가는 사람은 어느 정도 지켰으면 …… 거기에는 동료지간이라든가, 사제지간이라든가, 선후배라든가, 특히 인간관계의 정도가 필요하지. 복잡한 게 인간사지마는 그럴수록 무용가들 간의 정도, 꼭 있었으면 좋겠고."

그가 말하는 정도는 아마도 正道, 程度, 正導 등을 한꺼번에 함유한 중의적 표현이라 생각됩니다. 정확한 사용 한자가 무엇이든 간에, 그의 정도란 양편을 고루 배분하며 중심을 잡아가야 한다는 의미임에는 틀림없어 보입니다.

정도의 중심에는 중(中)의 미덕이 있습니다. 중은 이리도 저리도 모나지 않음을 덕목으로 삼는 우리 민족예술의 중심 가치 중 하나입니다. 외국의 부처와는 달리 우리 부처상이 갖는 둥글둥글한 인상에서 보이는 자연친화적인 덕목입니다. 그 안에 정도가 담겨 있습니다. 춤을 추는 것과 만듦에 있어서도 정도는 중요합니다. 그는 이걸 '심혼'이란 단어로 연결해 설명합니다.

"춤이라는 것은 마음에서 우러나서 마음에서 추는 것이지, 외형적으로 동작만 가지고는 아니야. 혼이, 심혼(心魂)이지 말하자면 ...... 동작은 따라갈 뿐이지. 정지를 해도 계속 혼이 흐르는 거지. 쭉 뻗어나가는 것."

심혼은 춤에 어찌 드러나는 걸까요?

"승무 염불을 하면, 느린 춤이지만 심혼을 기울여 해야 장삼 끝이 턱 떨어지지, 그럼 ...... 마음과 몸이, 혼신이 같이 울어가지고 동작이 떨어져야지 ...... 춤을 가지고 대화를 해야 해. 수건에도 혼이 들어가 있어. 이런 것이 이제 하루아침에 이루어지는 게 아니라 ...... 우리춤이 넘쳐도 안되고, 모자라도 안되고, 천박스러워도 안되고, 적당히 맞아 떨어져야 돼. 그게 예술인데, 그래서 답이 없다는 거지."

선생은 예술이 적당해야 하고 그래서 답이 없다고 합니다. 답이 없다는 것은 문자 그대로 없음을 의미하는 것이 아니라 '매순간 찾아야 함'을 의미하는 것이리라 생각됩니다. 정도란 정해진 측정가가 있는 것이 아닙니다. 줄 위 균형잡기처럼 매 순간 밸런스 잡기입니다. 정도(程度)는 정도(正道)일 때 살아납니다.

격, 치마꼬리 잡는 맵시에서 배우는 진멋

유행은 시대별로 서로의 다름을 주장하는 근거로 사용됩니다. 그런데 다름의 이면에는 '시대를 불문한' 멋스러움이 있습니다. 신윤복의 그림까지 가지 않더라도 율 브리너, 엘리자베스 테일러 그리고 최은희, 신성일 등이 남긴 영상엔 이 시대에도 빠지지 않을 멋을 한껏 품고 있음을 보게 되지 않던가요. 오히려 지금은 나오지 않는 품격의 근사함이 있습니다. 이때 나오는 것은 그저 감탄뿐 입니다.

"옛날 분들은 꼬리치마를 잡아올려도 멋이 나. 요즈음은 그게 안 돼. 멋이 있고 격(格)이 있고."

선생 또한 이렇듯 오래된 멋의 중요성을 강조합니다. 우리가 서촌이나 통인동 좁은 골목에서, 한옥마을 처마 아래에서 염치 불고하고 남의 대문을 살짝 열고 들여다보는 이유가 바로 이런 멋을 찾는 마음 아닐까요. 이 집 나무 문 안에는 혹시나 있을까 슬쩍, '계세요?'하고 묻지만, 물론 돌아오는 답은 없습니다.

우린 다 잊고서야 찾게 됩니다. 그때는 어쩔 수 없었다는 변명으로 서로 위로하고 맙니다. 그리곤 혹시 남았을지 모르는 한 조각을 기대하며, 막연하게 골목을 걷거나 옛것을 뒤적여 보기도 합니다. 선생은 그런 방식으로는 결코 찾을 수 없다고 단언합니다. 많은 경험과 세월의 흐름에서 일어난 것을, 또 오랜 세월 동안 바르게 묵혀서 진가가 나오게 하는 것, 그것이 바로 예술행위라 믿기 때문입니다. 창작 또한 마찬가지라고 합니다. 그가 말하는 창작은 새로움에 관한 것이지만, 무(無)에서 발생하는 어떤 것이 아닙니다.

"이제껏 배운, 경험한, 걸어오면서 만난 모든 것을 집대성하고 그것으로 구성을 다시 하는 것, 그런 것을 창작이라고 하지. 그러다 보면, 무거워지고 조심스러워"

그저 새로운 것만이 아니라 멋의 진면목을 다뤄야 함입니다. 뼈 때리는 일침에 속이 뜨끔합니다.

몸의 에너지

"춤은 육체를 가지고 하는 것이기에 몸을 잘 보존해야 한다"고 강조합니다. 춤을 추는 사람이 몸을 잘 가꾸어야 한다니, 언뜻 새로울 것 없는 이야기입니다. 그러나 이 단순한 말에 오랜 철학이 담겨 있습니다.

선생은 자기 자신을 '재미없는 남자'라고 평합니다. 이제껏 당구, 골프 등 취미생활에 관심을 가져본 일이 없을 뿐더러 흔히 '잡기'라 불리는 것에 흥미를 느껴본 일이 없다고 합니다. 그저 연습으로 땀이 나고 지친 몸을, 시원한 맥주 몇 잔으로 식히는 것을 생활의 활력으로 삼는 답니다. 다소 심심한 대답입니다. 그는 그 누구보다 취미활동을 할 충분한 여건이 마련된 삶을 살아왔습니다. 하지만 무용 외의 모든 것에 도통 흥미를 느끼지 못했다고 합니다. 이런 대화 도중 예상치 못한 얘기를 들을 수 있었습니다. 노래방을 좋아하지 않는다는 것입니다. 그 이유가 더 재미있습니다. 박자를 못 맞춘답니다. 선생의 장단과 장단, 박과 박 사이를 자유자재로 넘나드는 발재간 놀음에 대한 칭송은 만장에 회자 되어 왔습니다. 그런 분이 유행가 박자를 못 맞춘다니요.

"집중을 안 하는 거지 춤 이외에는. 노래방에서 노래를 못해, 박자를 못 맞춰, 예전에 당구장 그게 유행이었는데 재미가 없어. 얼른 무용연구소 가야지. 팔자소관인 거 같아. 단순하고 내성적이고 나서는 것 싫어하는데, 또 춤은 추고(웃음)."

사람을 대할 때도, 여간해서 한두 번 본 사람은 기억을 못 하신다니, 일상에서의 허허로움이 그려지는 듯합니다. 아마도 이런 재미하곤 거리가 있는 일상이, 연습실에서나 무대에서 높은 집중을 끌어내는 것은 아닐까요. 평상시 무용가의 일상에서 나와야 할 에너지에 대해 물었습니다.

"무용가는 탁 보면 몸에서 무용가 느낌이 나와야 돼. 예전 무용가 선배님들은 딱 보믄 무용가 같잖아, 김백봉, 김문숙, 김순옥, 한순옥 다들. 옛날에 우리 선생님들은 가난했지만 참신했잖아. 송범, 김성남, 김진걸, 김윤학, 정인방, 은방초, 최현 모두 그래도 깨끗했지, 남루하지 않고. 발표회 하면은 좋든 나쁘든 자기 색깔이 있어 소박하고. 그런 사람이 이끌어가지."

탁, 보면 나오는 무용가 느낌! 참신하고도 숙연해지는 표현입니다.

유혹

대화가 이렇게 흘러가다 보니 인간적인 이야깃거리를 찾아내고 싶었습니다. 그래서 유혹에 관해 문의했습니다. 인물로 보나, 경제력으로 보나, 살아가는 업으로 보나 어찌 유혹이 없었을까요. 그런데 의도와 달리 먼저 나온 대답은 글과 관련된 이야기입니다.

"조동화 선생님이 나를 좋게 보셔가지고, 미스터 조는 쟁이가 되지 말고 지도자가 되라 그거여, 학자가. 그래가지고 평을 썼다. ...... 내 깐에는 춤도 췄고 정확하게 쓰겠다. 그게 1호가 김진걸 선생님이야. 올바르게 쓰겠다 …… 난리가 났지 무용계에 …… 강아지 길렀더니 호랭이짓 한다고 …… 조동화 선생님한테 춤을 추는 한은 글을 못 쓰겠습니다 …… 내가 생각이 짧은 거지."

그때 이후로 무대인으로만 산다고 합니다. 이런, 당한 이 느낌. 그런데, 이어서 조금 재미있는 이야기를 들려주십니다. 옳거니, 여자 이야기가 나왔습니다.

"옛날에 유혹도 많고 여자들도 많이 따라오고. 그때나 이때나 춤에 미치니까 여자들은 안 보이는 거여 …… 많았어, 이런저런 …… 여자들하고 뭐가 있었으믄 딴 길로 벌써 갔겠지 …… 나는 사람 많은데 못 가, 옛날에는. 여자들 많은데 부끄러워서 …… 동네에서 사람이 많으면 뒷길로 가고 손님 많이 오면 뒷간에 가 앉아있고. 그러는 게 춤은 어찌 그렇게 부끄러운지 모르고 추어."

아, 역시 약간 허탕질한 기분.
지금은, 선생은 많아도 진정한 스승은 드문 시대. 이런 분이 연습실에 자리하고 계시다는 것은 참으로 귀감이 될 일이기에, 마음 깊은 곳에서 은근한 웃음이 솟아납니다.

좋은 쇠도 안 쓰면 녹슬잖어

선생은 자타가 공인하는 전성기가 긴 현역 무용가 중 한 분입니다. 왕성한 활동을 이어가는 이분의 전성기는 언제부터였을까요. 자신이 생각하는 전성기와 남들이 인정하는 전성기는 분명 다를 것입니다. 전성기에 관해 물으니 돌아오는 대답은, 근면과 겸손함입니다.

"내가 천부적인 소질이 있다든가 뭐 이런 게 아니고, 한 가지를 하면 집념을 갖고. 나는 요즘 세대에 태어났으면 못 살 사람이지. 오로지 9살부터 오늘날 이 시간까지 춤 이외는 하는 게 없어, 알다시피. …… 젊을 때는 내 나름대로 잘난 것 같이, 잘하는 것 같이 자부심을 갖고, 허, 이렇게 마음속으로 있었지. 예술이라는 게 하루아침에 되는 게 아니더라고. 내 나름대로 옛날 작품을 보면 유치허고, 아유 왜 저렇게 했을까, 생각도 들고. 그래서 예술이 답이 없다, 끝이 없는 거구 …… 춤이란 것은 자만하면 안 되고. 좋은 쇠도 며칠 안 쓰면 녹슬 듯이 …… 그래, 항상 움직이니까."

전성기를 달리는 이에게 그 시작을 물었으니 우문(愚問)이요, 이에 근면과 겸손으로 응했으니 현답(賢答)이라 하겠습니다. 옆에서 볼 때 그의 전성기는 2018년 은관문화훈장을 수훈하며 정점을 찍고 있습니다. 외에도 대한민국예술원 부회장과 서울시 무형문화재 예능 보유자이고, 국립무용단장과 경기도립무용단 예술감독을 역임했습니다. 대표작으로 <흙의 울음>, <맥>, <무천의 아침>, <달하>, <향연>, <무원> 등을 꼽을 수 있는 다수의 작품을 만들었습니다. 이렇듯 명실공히 한국 춤계 어른이십니다. 그런데 다음과 같은 말이 흥미롭습니다.

"나이가 있으니 자신감은 없어져. 예전과 달라. 시간이 많게 걸려. …… 새벽에 주차장에서 움직여 보면 되는데, 저녁에 연습실에 와 보면 안 돼. 마음은 있는데 동작은 안 돼. 시간을 많이 줘야지 돼."

1941년에 태어나 올해로(2021년) 80번째 새해를 맞이했습니다. 연세나 이런저런 사회적 위치를 감안할 때, 이와 같은(마음과 같지 않아지는) 몸 상태를 사실대로 토로하는 것이 그리 쉬운 일은 아닐 듯합니다. 이런 깜짝 고백에서 겸손함이라는 덕목을 읽었습니다. "내가 잘해서가 아니라 오히려 남이 알아준다는 데 감사한 마음을 느낀다."는 그에게서 '노력'을 한 번도 사용하지 않고도 강조하는 능력 시전(施展)을 감상했습니다.

내가 꿈꾸는 춤

요즘 젊은이들 아이디어가 좋고 다양하다고 연신 감탄합니다. 조명, 음악, 영상 등이 참 좋고 그래서 반면 많이 위축되기도 하답니다. 그러나 동시에 이렇듯 무용계가 양적으로 좋은 점도 많지만, 질적으로는 부족함을 많이 느낀다고 합니다. 특히 작품에서 베어져 나오는 인격적인 측면에서 그렇다고, 안타까워합니다. 시류를 쫓아가지 않을 도리가 없으니 관객이 느끼도록 하고 관객과 호흡을 같이 하되, 예술을 향상해야 한다는 다짐을 잊지 말아야 한다고 경고합니다.

"예전에는 단순하게 생각했어, 하지만 지금은 겁이 나. 새롭게 만든다는 것이, 위험이 따르고. 하지만 관객에 보답하는 길이 새로움을 만드는 것이니까."

근래 국내 최고령 작가의 작품 활동에서 새로운 기운을 받았다고 합니다. 그가 말한 분은 김병기 작가인 듯한데, 그는 백 세가 넘은 연세에도 여전히 신작을 내놓고 있습니다. 선생은 그의 끊임없는 새로움에 대한 열망을 보며 공부의 필요성을 재확인하게 됐고, 작품 활동이 곧 자신의 수양임을 새삼 느끼게 되었다고 합니다.

선생은 무언가를 만드는 것을 숙명으로 생각한다고 말합니다. 이제 또 새로운 작품을 한두 개 해야겠다는 꿈을 가지고 있습니다. 매일 혼자만의 시간이면 작품에 쓰일 음악은 어떤 걸 쓸까, 의상은 어떻게 입어야 하나, 무용수는 누구를 쓰는 게 좋을까, 행복한 고민에 빠진다고 하는 그. 이런저런 고민을 토로하는 그의 모습은 그저 소년, 그 자체였습니다.

젠틀맨에서 신선까지

그의 한량은 젠틀맨(gentleman)이고, 그렇기에 한량무는 젠틀맨의 춤입니다. 그가 말하는 한량은 지식과 학문 등에서 해탈해 꺼릴 것 없는 사람입니다. 그리고 몸과 마음을 모두 초월했기에, 때 묻지 않은 사람입니다. 평생을 추었던 이 한량무에 이어, 이제 <신선무>를 꿈꾼다고 합니다. 그가 생각하는 신선(神仙) 또한 하늘에서 내려온 사람이 아니라, 도를 튼 사람입니다. 지금 찾는 건 이 시대에 맞는 신선의 이상적인 모습이라고 하니 함께 떠올려보게 됩니다.

물빛 시선에 맺힌 신선, 궁금합니다.

몸, 그 익숙한 낯설음을 향해 QR-28

with 김매자

(1943년, 강원도 고성 출생)

"몸이라는 타이틀이 참 좋지 않아?"

혹 선정적인 취향 고백쯤으로 들릴지 모르지만 아니, 선생이 발간하는 춤 전문잡지 「몸」에 관한 애정 표현입니다. 몸. 다 알 것 같고 그저 나라고 생각하지만 실상 언제나 타자일 수밖에 없는 숙명의 존재. 감기라도 걸리면 몸은 내가 아니지 않던가요. 그 무력감이란. 이렇듯 우리는 몸으로 살면서도 몸에 대해 무지합니다. 하지만 또한 이를 개선하고자 하는 의지는 놀라울 정도로 잠시뿐 입니다. 몸이 주는 문제 신호는 진통제의 탁월한 효능으로 누르고, 거울에 비친 불룩한 배는 흡, 숨을 들이쉬며 돌아서면 그뿐입니다. 이건 아마 몸을 객관화하지 않고 그저 나라고 생각하기 때문이 아닐까요?

춤을 추는 이들은 몸을 대상화하는 삶을 택한 사람들입니다. 몸을 움직여 춤이라는 알 것도 모를 것도 같은 행위를 풀어내는 사람 무리. 그 가운데 오랜 세월을 켜켜이 쌓은 선생은 몸을 객관화한 독특한 시각을 보여주었습니다. 그녀의 시선 끝에서 대상을 경외시하는 수녀 베일의 그 하양을 보았다는 건 과장일까요? 하양은 바래기 쉽지만 역설적이게도, 오래된 하양은 오히려 영원할 것 같은 유려함을 은은히 뽑아냅니다. 맨질 맨질한 대리석 표면의 그것처럼 말입니다.

멀리서 온 소녀

"형제들이 다 '진' 자 돌림이에요, 나만 매자야. 그래서 주워왔다고(웃음). 그런데 우리 할머니가, 동네 살던 일본 여성분이 그렇게 얌전하고 좋았대 그래서, 꼭 저 여자 닮으라고 그렇게 지었대."

이게 무슨 소린가요, 속상할 일로도 들리는데 선생은 의외로 긍정적입니다. 일본에서 매실이나 매화가 얼마나 중요한 의미를 갖느냐는 겁니다. 시대 특성이려니 한답니다. 예명이나 호를 만들라는 권유도 있었지만 싫다고 합니다. 비록 멀리서 온 이름이지만 내 이름 가진 대로 그렇게 가는 거랍니다. 태어난 곳도 이제 먼 곳이 된, 강원도 북고성입니다. 일사 후퇴 때 남한으로 이주했는데, 본인이 생각하기에 탈북 가족 1호가 아닐까 생각한답니다. 탈북 이야기는, 어느 날 꿈에 돌아가신 조모가 홀연히 나타나 자신을 업고 가려다 대신 동생을 데려가서 운명이 바뀌었다는, 소설책에나 나올 법한 얘기로 시작했습니다(이 얘긴 후일 창작춤 <얼음강>이 됩니다). 남하한 가족은 영월을 거쳐 부산에서 터를 잡게 되었고, 그곳에서 비로소 춤을 만났답니다. 멀긴 참 멀었습니다.

엄. 친. 딸

수험번호 116번. 초등학교를 강원도 영월에서 나온 선생은, 대도시 부산 남성여중 입학 시험장에 크게 울리는 자신의 수험번호 호출에 주눅이 들어 숨었더랍니다. 그의 표현대로라면 '강원도에서 온 촌년'을 부르는 이유는, 틀림없이 떨어졌거나 야단맞을 나쁜 일이 생겼기 때문이라고 생각했답니다. 그런데 이변이 났습니다. 입학시험에서 일등을 한 거였습니다. 여태껏 수험번호의 마지막 숫자였던 6을 좋아한다는 선생은 이후 쭉, 공부 잘하는 애였답니다. 그런데 여기에 예기치 못했던 변수가 살짝 끼어듭니다.

"그 당시는 창극이 유행을 했었거든. 여성 국극단. 전국적으로. 내가 공부도 잘했는데, 그래도 그러면서 좋아어. 반장하고 3학년 때는 대대장하고, 그 가운데 창극단 몰래 들어가서 보고. 그게 진짜 하고 싶은 거야. 그래 찾아갔지."

'이를 어째!'라는 한탄이 절로 나오는 대목입니다. 옆집 아이 거나, 내 딸이라고 생각해보십시오. 안 그러겠습니까? 애가 탈 일입니다.

"공부를 잘하는데 그걸 하니까, 교감 선생님도 집에 찾아와서, 재는 예능 할 아이가 아니라고. 그러니까 집에서도 못 하게 해. 내가 맨 처음 춤 배울 때, 우리 오빠한테 많이 매 맞았지. 기생 되려 한다고. 오빠한테 매 맞고. 그래도 내가 안 굽혔어."

그러면서도 공부는 계속 잘해서 부산여고를 여봐란듯이 들어갔습니다. 그리고는 무용을 정식으로 하는 것에 허락을 받아냈다고 합니다. 어린 매자는 어쩜 저럴까 싶습니다. 기특한 대목입니다. 제 할 일은 잘하고 볼 일입니다.

무당구신

같은 일을 하는 사람들이 모여서 서로 하는 일에 대해 푸념을 늘어놓다 보면, 맞장구를 칠 때가 있습니다. 춤을 추는 이들은 아마 '놀면 아픈 거'에 공감하지 않을까 싶습니다. 오랜 수련으로 인해 근육과 관절은 매일 긴장해 있고, 그렇기에 쉬는 기간이 조금만 길어지면 근육이 살짝 풀어져 몸이 아파 옵니다. 이때 특효약은 연습입니다. 딴 것도 아니고 연습만이 통증을 푸는 특효약이다 보니, 통증의 원인을 육체 이외 다른 곳에서 찾기도 하는데, 의견만이 분분합니다.

"우리 어머니가 날 보고 재는 무당구신이 들어서 저런다고. 집에만 들어가면 아퍼. 아야야. 책상에 앉아서 공부하고 돌아앉아 밥 먹고, 아야야 하고. 그런데 아프거나 썩 기분이 좋지 않아도 춤추러 학원만 들어가면 모든 생각을 잊어버려."

왜 춤을 추느냐는 질문에 무당귀신 얘기로 말문을 열었습니다. 춤을 추면 좋으니까, 안 아프니까. 유명한 사람, 대학교수 이런 거 되고 싶다는 생각은 애초에 없었고 지금까지도 무엇이 되어야겠다는 생각은 없다고 답합니다.

춤을 왜 추는가? 그림을 왜 그리며, 노래를 왜 하는가? 이런 물음은 본능적 욕구에 관한 질문이기에 밥은 왜 먹는가와 같은 쓸모없는 질문이라 할 수 있습니다. 하지만 그런데도 선지식을 만나면 자꾸 묻게 되는 건, 아마도 본능의 근거지를 찾고자 하는 또 다른 본능 때문이리라 생각됩니다. 선생은 이 질문에 '그냥'으로 즉답합니다.

"춤만 추면 좋은 거야, 춤을 추면 몸이 안 아픈 거야. 그냥 춤추는 게 사는 거야. 그래서 춤을 췄지."

이런 대답이 좋습니다. 그렇지, 춤을 추는 데 무슨 목적이 있단 말입니까. 맞습니다. 무엇을 위해 춤을 이용하는 건, 후집니다.

안무의 지침, 그때 그 배움

"김동민 선생님이 민속무용연구소를 했어. 한량이야 부호고. 춤 잘 추고. 당시 피난을 다 부산으로 갔잖아. 김천흥, 성경린 선생님 등 다 그리로 모였어. 연극 하는 사람들도. 연기를 누구에게 배웠냐면, 윤봉춘 감독님이라고. 그때 배운 연기가, 후에 내 안무의 지침(指針)이 되었지. 춤이라는 개념은 그때까지 없었어."

그 시절, 그곳. 체벌이 매일이다 싶던 엄한 선생님들 밑에서도 회초리 한번 안 맞을 정도로 재미에 빠져 춤, 소리, 악기, 연기를 학습했습니다. 선생은 당시의 경험을 '배웠다'라고 하기보다는 '익혔다'는 것이 더 맞을 것이라고 회고합니다.

"배우는 게 아니라. 어렸을 때 몸으로 그걸 익힌 거지. 그중 중요한 건, 안무를 하는 데 있어서 무대의 존엄성, 무대의 가치, 이런 걸 몸으로 익혔고."

그러던 어느 날 친구와 지나가다 본 광경이 그녀 뇌리에 전광석화를 쳤습니다.

"황무봉 선생님 학원이 있는데, 슬쩍 올라가 봤어, 얼마나 세련된 옷을 입고, 애들이 뭐 굉장히 잘 추고 그러는 거야. 눈이 확 뒤집힌 거야. 저런 것도 있나 싶어서. 기가 막힌 거야."

창극에서 춤을 떨어뜨려 본인 업으로 받아들인 시기입니다. 이전까지 다만, 재미있는 예능이었던 것이 이젠 춤이라는 독립되고 명백한 객체가 되어 인식된 것입니다. 이 시기에 신무용 전반적인 것과 서구적인 안무법에 대한 것을 몸으로 체득하게 됩니다.

"황 선생님은 항상 창작하는 방법을 가르쳐주셨어. 시험을 보셨거든. 태풍이 오면 그걸 몸으로 만들어봐라. 물동이를 이고 갈 때 우물가에 가서 이고 오는 걸 몸으로 표현해 봐라. 세부적으로 생각하게 하는 몸짓을 하게 해 줬지."

신무용, 그 시절 그 춤

신무용은 하나의 장르(genre)로 인식되어 있습니다. 대체적으로, 장르는 주제나 방식, 분위기 등을 그 기준으로 삼습니다. 그래서 이를 가리킬 때 특정 작품 무리의 지속성을 의미한다고 생각하기 쉽습니다. 그런데 선생이 설명하는 황무봉 선생의 학습법은 상당히 현대적이고 일정 작품으로 한정 짓기에는 그 폭이 넓습니다. 그렇다면 역으로 신무용 작품을 일정 시기의 춤으로 인식해 살피는 것도 의미 있어 보입니다.

"모든 것은 시대를 타는 것, 신무용 시대의 신무용이 있어야지. 당시는 반짝이, 스팽글 그런 거 달고. 새로운 거 같은 거야. 그 시대 선생님들은 어떤 형식을 알고 춤을 만들어. 서구적인 방법을 들여왔겠지. 당시는 시대의 정치적인 것을 가미할 수 없는 시대지. 아름다움만 변형되지 않았나 싶어. 사상적인 것을 가미할 수 없는. 아름다운 거, 빠른 거."

춤을 대하고 만듦에 있어 새로움은 어느 시대에나 있습니다. 후세에 그 새로움은 시대상의 변화로 갈무리됩니다. 그렇기에 지금 전승되는 당시 춤을 신무용이라 칭하고자 한다면, 그 춤 전승에 시대를 나누는 칸막이를 좀 더 가미해서 살펴야 할 것입니다. 그래야 그 시대의 것이 오늘날, 날것 그대로 피어오르지 않을까요?

전통, 외부자의 눈으로

선생은 어려 학습할 적, 전통과 신무용 경계를 인식하지 못했다고 합니다.

"나는 대학 때까지도 신무용이 전통인 줄 알고 있었어요. 우리는 그것만 배웠으니까. 신무용 배울 때 전에 배운 것은 다 잊어버렸지. 그때는 촌스러운 거니까. 그 당시 내 인식은 촌스러운 건 다 잊어버리고 새롭게."

신무용을 멀리에서 온 것이 아니라 오래된 전통이라 생각했던 선생은, 대학에 입학해 진짜 전통을 접합니다. 그러면서 새로운 눈을 갖게 됩니다. 그 인식을 변별하게 하는 것은 전통춤에 있어 스스로 '외부자'가 되는 것이었습니다.

"63, 4년도부터 굿이라는 걸 알게 된 거지. 이전 굿이 있는 걸 알았지만 그건 미신이라고만 생각했지, 음. 인왕산에 굿터가 있다고 해서, 그래서 거길 가 봤어요. 이후 시간만 나면 거기 가 앉아 있었어. 신기한 거야. 얼마나 기가 막혀. 난 거기 빠져 가지고. 인왕산을 그때부터 다니기 시작했어."

'굿판'의 이지산, '불교예술'의 박송암, '정재'의 김천흥, '승무와 살풀이춤'의 한영숙, 이매방 등 여러 전통춤 선생을 찾아다니며 학습했습니다.

이를 통해 비로소, 굿에 등장하는 바리공주 몸태와 구중궁궐 담벼락 안 정재의 몸태가 같다는 것을 알았고, 춤을 만드는 것이 당시 상황과 환경 이라는 점을 깨달았으며, 홀기의 의미와 형식에서 우리 공간의 의미를 읽 어냈습니다.

"'내 춤을 추어야겠다'라고 생각한 거는, 대학교 때 전통을 알면서부터 라고 할 수 있지. 외국무용과 전통춤 사이에서 고민을 많이 했어. 나는 제자들을 선생님들께 보내. 전통을 먼저 배워라 이거지. 음. 배워 가지고 와서 창작을 하자."

대표작 중 하나인 <춤본Ⅰ>은 이러한 대가들에게서 배운 전통춤을 중심으로 틀거리를 만들고 살을 채웠습니다. 이 춤은 선생의 춤 인식론이자 방법론으로 태어났습니다.

"미국 엘빈 에일리라고 흑인 현대무용가가 있었어. 당시 공연을 하는데, 이 사람이 몸으로 우는 거야. 에너지를 빚어내는데. 가슴이 벅차올랐고. 난 울었어. 굿판에 가서 굿을 보면, 무당이 울잖아, 웃잖아. 혼자 막. 거기에 내가 빨려 들어간 거지. 우리춤에 절실함이 있는 것을 굿에서 느낀 거지. 그래서 내 거를 만들고 싶다, 생각했어."

선생의 이야기는 '전통을 추고 그 진면목을 알지만 그 안에 깊숙이 들어가 숙명으로 받아들이지 않는다. 다만 이것을 바탕으로 자신의 새로운 언어를 만들어 낸다.' 정도로 정리됩니다. 많은 이들이 공감할 이 말에서 선생만의 진면목을 찾자면, 아마도 외부자로서의 선명한 시선이지 않을까 싶습니다. 옮겨 심는 데 그치지 않고, 새로움을 꾀하는 분별력 말입니다. 모든 걸 다 아는 듯, 섭렵한 듯 '체'하는 것이 아니라, 모든 걸 새롭게 보고 다르게 생각하는 자세. 이런 걸 다른 말로 '젊음'이라고 해야 하지 않을까요?

타인에게

89년도부터 시작해 지금까지 이어지고 있는 중국에서의 우리춤 수업이 이제 30년이 흘러 새로운 열매를 맺고 있다고 설명합니다.

"중국 북경무용대학, 연변대학, 중앙희극원. 거기는 이제부터 창작을 원하는데, 우리보다 오륙십 년 뒤졌다고 봐야지, 북경무용대학은 내 춤 배운지 30년이 되니까, 굿거리 기본부터 전통작품을 거의 배웠지. 이제껏 전통으로 기본을 닦았으니, 이제 창작하는 방법을 알려달라는 거야. 전통을 어떻게 창작하느냐 하는 것."

해외에 우리춤을 널리 알린다고 하니 좋기도 하지만, 반면 아까운 마음이 듭니다. 안 가셨으면 한다고 했더니, 그렇게 얘기하는 지인들이 있다며 웃으십니다. '사람 맘은 다 똑같지, 암.'이라고 생각했습니다. 문화교류도 좋지만, 현재 우리 문화지형에서 전통춤이 처한 상황이 교차 돼, 안타깝기 그지없습니다.

　그저 좋아서 주어진 춤을 추다 보니 우리 것을 분명하게 보았고, 이를 바탕으로 자기 스스로를 추어낸 이야기. 선생의 얘기를 추스르니, 온전한 하나의 몸이 떠오릅니다. 열정적이고 주체적이며 자유로워 아름다운, 몸.

그녀의 스펙트럼 QR-29
– 숙자에서 정혜, 빠삐까지

with 배정혜

(1944년, 함경도 삼방 출생)

"여보세요." 옛 서울 말씨입니다. 영화 <사랑방 손님과 어머니>의 '옥희'나 <별들의 고향>의 '경아'로 대변되는 그 시절의 말씨를 난 사랑합니다. 지금은 경기민요 사설에서나 들을 수 있는 그 말의 리듬을 들을 때면, 희한하기도 반갑기도 합니다. 뭐라 설명하긴 어렵지만, 내가 어릴 때 들었던 것과 지금의 서울 말씨는 조금 다르게 들립니다. 나는 초등학교 입학에 맞추어 서울에서 지방으로 이사를 했습니다. 이후 꽤 오래 '타지에서 온 아이'라는 꼬리표가 따라다녔지요. 가족 모두 그곳이 타지였기에, 집안에서 사용하는 말씨가 달라서였을 것입니다. 어린 마음에 서운했었는지 이전 살던 동네를 자주 생각했었습니다. 언덕길, 담벼락, 친구. 그 중, 시장의 푸짐한 순대 아줌마와 다녔던 유치원의 여선생님 모습은 이상하리만큼 선명하게 떠오릅니다. 그리고 추억하는 그림마다 항상 옛 서울 말씨가 겹쳐 있습니다. 그래서인지 전화기 넘어온 뚜렷한 옛 서울 억양에 선뜻 반가움이 일었습니다.

약속을 잡고 정겨운 말씨를 찾아 선생 연습실로 향했습니다. 생경한 분들 가운데서, 불쑥 멋들어진 모자에 두툼한 검정 코트를 어깨에 걸친 그녀가 일어섰습니다. 자그마한 체격에서 정아한 단단함이 느껴졌습니다. 걸쭉한 감기의 질긴 여운에 대한 인사로 대화를 시작했습니다. 그러나 이후 진행된 대화 도중, 선생의 눈빛에서 일절 피로감은 느껴지지 않았습니다. 이야기가 이어지면서 점점 소녀가 되어가던 선생의 눈빛. 그건, 오랜 세월 자신의 길을 의욕적으로 살아온 사람들을 만나면 보게 되는, 진한 맑음이었습니다.

숙자

　개별적으로 자신의 경험을 말할 때면, 머리에 떠오른 각자의 시간은 독특합니다. 지난 기억은 남을 제외한 온전히 자기 자신만의 것으로 남기 때문입니다. 하지만 대부분 또래와 지난 시간의 경험을 나누다 보면, 일면 동질감을 갖게 됩니다. 지나온 시간의 경험이 섞이는 것입니다. 그래서 지난 얘기를 하다 보면, 그 안에서 위안도 받고 삶의 용기를 얻을 때도 있습니다. 그런데 선생의 어린 시절을 듣노라니, 친구들과 동질감을 나누기엔 한쪽으로 많이 치우쳐진 시간을 보낸 듯 보입니다. 춤을 추느라 벗들과 공기놀이를 못한 어린 소녀를 상상하기 어렵지 않습니까?
　선생의 어린 시절 이름은 '숙자'입니다. 아명이라기보다 어릴 적 본명이라 하는 게 맞습니다. 성인이 되기 전까지 온전히 그 이름으로 살았고 무용계에 그 이름이 지금까지 기억되고 있기 때문입니다. '천재소녀 배숙자'. 아마도 그녀의 어린 시절은 전무후무한 이야기를 가졌으리라 생각됩니다. 지금 아역배우들과는 또 다른 이력입니다. 무용이라는 독특한 장르로 대중의 사랑을 받았고, 동시대에 비교될만한 동년배 또한 기억되지 않기 때문입니다.
　선생은 함경도 삼방이라는 지역에서 출생해서 세 살이 되던 해에 서울로 이주를 했습니다. 서울로 이주하기 전 첫 번째 무대 경험이 생깁니다.

"세 살 때 파랑새 역할을 시켰는데, 잘했대요. 걸음마 할 때, 말보다 춤을 먼저 춘 거죠. 삼촌이 장화홍련 연출을 하면서 나를 파랑새 역할을 시켜서, 사람들이 아주 귀신 나왔다고 그랬대요. 파랑새를 그렇게 잘했대."

그러니까 걸음마를 뗌과 동시에 무대 동선을 따라 움직였다는 얘기인데, 참 기특할 일이기도 하거니와, 혹시나 하는 걱정도 듭니다. 집안에 예술을 하는 분이 계셔, 너무도 예술을 존귀하게 여기는 강압적인 분위기가 형성되어 있었던 건 아닐까? 엄청난 카리스마가 그녀를 짓눌렀던 건 아니었을까? 이런 노파심에 어린 시절에 대한 감흥을 넌지시 물었습니다. 하지만 괜한 걱정이었습니다. 집안 어른이신 조부님은 춤을 추는 것에 반대가 심했고, 부친은 관심조차 없었습니다. 단지 삼촌 한 분만이 관심이 많았다고 합니다. 그분이 무용계에 '배삼촌'으로 알려진 안무가 배명균 선생입니다.

"속된 말로 팔자에 있어서 그런지 그냥 시키는 대로 했지요. 나는 그냥 그렇게 하나부다. 하라고 하니까 하는 거지. 내 의견이 들어가기 이전에 그냥 하고 있었어요. 판단이 없었지. 자연스럽게 들어왔어. 어른들이, 내가 춤을 추면 어른들보다 더 잘 춘다고. 그런 말을 많이 들으면서 춤을 추었죠."

부담스럽지는 않았을까?

"그때는 부담스러운지도 모르는 나이죠. 그냥 순수하게 주어진 춤을 춘 거지. 어른들이, 천재다, 어떻게 저렇게 잘 출 수가 있나."

어린 시절로 돌아가 파랑새를 연기하는 자신을 그리며, 그녀의 눈빛에 영롱한 물기가 도는 듯 반짝였습니다. 운명이 자신을 택했다고 굳게 믿는, 숙명을 오롯이 간직한 이들에게서 봄 직한 선명함이었습니다.

정혜

누구나 사춘기가 되면 질풍노도의 시기를 겪게 마련입니다. 눈치채지 못하는 사이, 자아와 타자는 분리됩니다. 그리고 어느덧 머리엔 온통 나뿐입니다. 이때엔 아무리 나뿐이어도 나를 나 스스로 감당하기조차 역부족입니다. 돌이켜보면 고된 시간이었지만, 어른으로 거듭나는 피치 못할 기간이기에, 그 의미가 무한하다고 느껴집니다. 하지만 당시엔 내 안에 갑자기 커져 버린 나만이 그득해, 너무도 벅차지요. 이제까지의 선생 말대로라면, 어린 숙자는 바쁜 일상 가운데를 살아가느라 사춘기를 특별한 인식 없이 보냈을지도 모를 일입니다. 어린 시절 이미 자신이 가야 할 길을 가졌던 소녀에 대해 듣고 나서, 이런 사람은 스스로를 자각하는 시기를 어찌 보냈을지 궁금했습니다.

"열일곱, 여덟, 아홉 살 때 엄청 생각하게 돼요. 그때 생각하던 것이, 천재는 다 어려서나 천재지 나이 먹으면 시시하게 돼 가지고, 다 실패하더라 인생을. 그런 거를 느꼈어요. 그리고 마침, 학업이 중단돼요."

해외공연 일정으로 인해 학업 일수가 부족했습니다. 피치 못하게 고3

으로 올라가지 못했고, 5년 정도 학업을 중단하는 시기를 보냅니다. 이후 다니던 중앙여고에 고2로 재편입해서 후배들과 공부를 하고 이어 대학에 진학하게 됩니다. 이때 정신적으로 많은 변화를 갖게 되었고, 개명을 결심합니다. 이유는 단순명료합니다, 이전 이름인 숙자가 싫어져서. 그러나 당시 새롭게 갖게 된 포부는 한없이 웅대했다고 설명합니다.

"배정혜는 역사에 남는 무용가가 되어야지. 내가 좋아서 덩더쿵 추는 무용가가 되어서는 안 된다. 그거를 젊은 나이 때부터 생각을 많이 한 거에요."

학업 중단과 함께 온 정체기를 지나 정혜로 살기로 한 이후부터, 다시 한국무용을 하면서 자연스럽게 우리춤에 대한 사명감을 갖게 되었다고 합니다. 그래서 18살 이후부터는 한국무용에 매진하며 살고 있다고 합니다. 멋집니다, 그녀의 성장.

직감과 환기

근사한 사람을 만나면 그가 궁금해지고 이어 여러 질문이 떠오릅니다. 좋아하는 커피 스타일은, 책장에 꽂힌 책은, 음악 플레이리스트는, 질문은 끝이 없습니다. 선생은 무용가로서 가장 문학적인 작품을 한 이에게 주는 상을 받은 바 있습니다. 그의 독서와 음악 감상은 어떤 내용을 가졌을까요?

"읽은 책은 다시 안 보게 되거든요. 정독을 하는 편이구요. 정독을 해서 그런지 처음 읽었던 신선함이 없어져, 다시 읽지는 않아요. 그래서 책장에 책이 없어요. 하지만 책 안의 이미지는 오래 머리에 남아있죠. 음악 같은 경우는 십 년 전에 감명 깊게 들었던 곡을 십 년 후에 들어도 감명이 있어요. 그때 좋게 들었던 음악은 지금도 좋고, 그때 시시한 음악은 지금 들어도 시시하고. 그게 신기해요."

글을 읽다 보면, 유독 행간의 호흡이 느껴지는 글이 있습니다. 많은 단어로 이루어진 책은 읽는 가운데 마음과 글이 하나가 되는 순간이 옵니다. 이때 글은 말로 옮겨지고, 호흡으로 전해지고, 온기와 냉기도 느끼게 됩니다. 아마도 우리는 한 권의 책을 덮으며 그 느낌을 온몸으로 흡수하게 되는 걸 겁니다. 음악도 이와 같습니다. 이 둘이 다만 다른 것은, 오감으로 들어 오는데 걸리는 시간이지 싶습니다. 정독의 긴 호흡은 또 다른 정독으로 이어지고, 순간의 감각으로 까다롭게 선택된 음악은 반복 감상됩니다. 그러니 긴 것이든 짧은 것이든 내 것으로 받아들인 순간은 영원히 지속됩니다.

"아침에 세수하고 샤워할 때 새로운 운기, 새로운 맥박을 느끼면서 세수하고 머리 감고. 양치할 때마다 새롭게 이를 닦는 것이죠. 이 말이 우스울지 모르지만, 내가 이것을 얼마나 계속할까, 이런 생각을 해요, 매 아침. 취미활동이, 제일 취미 있어 하는 게, 화투를 좋아해요. 참 재밌어. 하여튼, 화투의 세계가 왜 좋냐면, 뭐가 뒤집어질지 모르잖아, 뭐가 나올지 모르잖아. 뒤집어지기 전에. 항상 새롭잖아. 궁금하잖아. 그래서 화투가 재밌잖아요."

매 순간 직감하기. 책을 읽을 때도, 음악을 들을 때도, 양치를 할 때도, 화투를 칠 때도 순간마다 환기하기. 세상 만물이 자신을 그저 스쳐 지나지 않도록, 순간마다 깨어서 새롭게 바라보아야 함을 말합니다. 종교적 삶으로 읽힙니다.

12개의 디딤돌

우리춤은 오묘합니다. 겉으로 드러나는 모양새만으로는 좋은 춤을 보았을 때 느끼는 깊이 운용되는 호흡의 진가를 알기 어렵습니다. 요즘 들어서는, 그야말로 아는 사람들만이 나누는 종류의 것이라 하겠습니다. 그래서 많은 대화와 수행이 필요합니다. 사정이 이러하기에 짧은 시간에 이를 전수하는 것 또한 만만치 않습니다. 이를 위한 여러 노력 중, 단연 눈에 띄는 결과물로 그가 만들어 전하는 기본이 있습니다.

배정혜 하면 떠오르는 단어로 '바(Bar) 기본' 그리고 '한국춤 메소드(Method)'를 들 수 있습니다. 그는 74년도 선화 예, 중고에 재직 당시부터 기본을 만들었다고 합니다. 우리춤의 설명하기 어려운 표현과 운용방식을 어떻게 하면 쉽고 명료하게 전달할 것인가 고민했습니다. 그러다 전통춤 호흡을 중심으로, 어린 시절부터 배워 익숙했던 발레 바를 차용한 방식을 창안했습니다. 그리고 이를 중심으로 12가지 호흡법을 정리했습니다. 여기에는 정재, 민속춤, 농악, 민요, 마당놀이 등을 망라한 다양한 우리춤의 운용방식이 담겨 있습니다. 선생은 이 12가지 호흡 방식을 우리춤의 경계를 명확하게 하는 틀이라 칭합니다. 동시에 여타 예술에도 대입 가능한 보편타당한 내용을 담고 있다고 자랑스레 말합니다. 후배들을 위해 마련한 12개의 춤 디딤돌, 선지식의 노고에 마음 뭉클해집니다.

그는 현재 우리춤 학습에 있어서의 중심점이 잘못되어 있다고 지적합니다. 우리춤은 하나의 방식만을 집어 말할 수 없습니다. 그렇기에 여러 종목을 두루 다루는 것이 중요하다는 것입니다. 나이 마흔쯤 되어야 기본에서 벗어나 자유로울 수 있는 게 우리춤이라 생각한답니다. 이 의견을 들으며 기가 죽는 건 나만일까 싶습니다.

신전통과 모던춤

어떤 만남이든 대화를 이어 가다 보면 상대방 의사가 명료할 때도, 흐릿할 때도 있습니다. 그리고 강조에 강조를 거듭하는 부분도 있기 마련입니다. 그가 강조를 거듭하다 못해 알리지 못해 한이 된다고 말한 부분이 있었습니다. 우리춤의 미래에 관한 걱정입니다. 그는 새롭게 만들어지는 우리춤에 두 개의 단어를 제시합니다. '신전통'과 '모던(Modern)춤'입니다.

"신전통은 전통가락을 응용해서 이렇게 저렇게 만든 것이고, 모던춤은 전통 동작에 담긴 호흡을 써서 새로운 언어를 만들어내는 거예요. 동작 어휘 자체가 새로운 동작을 만들어 내는 것을 모던춤이라고 해요."

최승희의 보살춤을 예로 들며, 당시 그녀는 보살춤에 기존 전통을 담지 않고 자신의 몸짓언어를 창조했다고 평합니다. 그래서 최승희의 모든 춤을 신무용으로 치부하는 것은 옳지 못하다는 의견을 제시합니다. 현재 사용되는 '창작춤'이라는 단어도 문제가 있다고 주장합니다. 지금의 전통춤 또한 당시에는 창작춤이었고, 현재 추는 전통춤 또한 창작 범위에서 완전히 벗어난 것은 아니기에, 단어 사용에 문제가 있다는 것입니다. 이어지는, 새로운 몸짓언어를 표방하는 모던춤의 중요성에 대해 열변을 토하는, 선생의 말에 절로 고개가 끄덕여졌습니다. 그리고 춤을 싸는 포장이 참으로 중요하지만, 그 내용이 바뀌어야 새로운 것이지 않겠느냐는 말에 전적으로 동의했습니다. 이런 또렷한 문제 제시는, 춤을 추고 만드는 동안 가슴 저 아래 묵직하게 깔아 놓았던 과제를 다시 한번 일깨우는 계기가 됐습니다.

빠삐

여자의 웃는 모습은 아름답습니다. 선생 또한 한 명의 여자. 스물여덟에 만나 지금까지 해로하는 남편분이 지어주었다는 별호에 대해 얘기하며 가장 밝고 소탈하게 웃었습니다. 그런 그녀의 모습에서 해맑은 여인의 모습이 보였습니다.

"남편이 나에게 지어준 별명이 빠삐에요. 나는 집에서 어딘가 기대는 걸 좋아해요. 근데 지금 나이가 먹었는데도, 남편에게 하나 대야 돼, 다리든 팔이든. 그래야 릴렉스가 된다고 해야 하나. 릴렉스. 순환이 돼. 에너지 보물창고가 집에, 남편이 충전기에요."

현재 집중하고 있는 리틀엔젤스예술단 상임안무가의 임무를 충실히 수행하길 바라는 선생. 많은 이들에게 도움이 되는, 오래 남을 작품을 하고 싶다는 포부를 밝히는 선생. 남들은 은퇴를 생각할 나이에 새롭게 직책을 맡고, 정열적으로 작업에 임하는 그가 보여 준 다양한 색. 그 넓은 스펙트럼의 근원지를 찾았습니다. 그건 바로 집에 있는 충전기 단자. 어릴 적 동네 중국집에 걸린 액자에 큰 붓글씨로 쓰여 있던, '가화만사성(家和萬事成)'이 떠오릅니다. 역시 만고의 진리입니다. 오늘은 나 또한 좀 더 싹싹한 충전기가 되어 보리라 다짐해 봅니다.

반짝이는 시선, 저 먼 시작점 _{QR-30}

with 국수호

(1948년, 전라북도 완주 출생)

 나는 알고 있습니다, 이 세상에 알 수 있는 게 그리 많지 않다는, 사람에 대해서는 더욱 그러하다는 사실을 말입니다. 그런데 불행한 것은 이런 사실을 쉽게 망각한다는 것입니다. 누군가에게 애정이 생기고 일정 기간 탐색의 시간을 보내면 필연적으로 판단에 오류가 따릅니다. '난, 널 알아.'
 선생은 무용계에 여러모로 잘 알려진 분입니다. 그렇기에 예단(豫斷)에 대비하고 만남에 나섰습니다. 대화가 마무리되어 가던 시점, 눈빛에서 평소보다 훨씬 깊은 울림을 보았습니다. 그를 조금은 알 것 같습니다.

완주군 비봉면 이전리 216번지

 언제든 자신의 태 자리를 툭 욀 사람, 흔치 않습니다. 선생에게 고향에 대해 물으니, 주소뿐 아니라 산세 등에 관해 소개가 수려합니다. 이런 명석한 반응은 남들보다 조금 더 큰 에고 때문일까요, 아니면 독특한 사고의 결과일까요? 대화를 통해 분명해진 건, 선생의 뇌리에는 언제나 오랜 시간이 함께 한다는 사실입니다. 오래된 석상이나 조형물이 가득한 연구실은 아마도 그의 머릿속이 아닐까 싶습니다. 좁은 시차를 상정한 질문에도 오래전의 일을 꺼내 놓는데, 듣노라면 시야가 넓혀지는 신통방통함을 선사해 주기 때문입니다.

밝은 햇살 앞에 사물이 더 돋보이는 것은 아마도 뒤를 받치는 짙은 그림자 때문이 아니겠습니까. 시선을 받친 그림자는 뚜렷했고 끝은 길었습니다. 뇌리에 새겨진 고향집 주소처럼요.

전주댁과 갑동이 아저씨

"잊을 수 없는 길들, 산세들, 경치들, 사람들. 그곳에 전주댁이라는 무당이 있었어. 굿하는 것을 항상 보고 자랐던 거 같아, 어릴 때. 전주댁이 굿을 하면 갑동이 아저씨가 경을 삼박사일을 해. 거기의 경은 굉장히 독특해서. 사람 혼자서 꽹과리를 엎어놓고 치고."

오방색 종이를 진하게 물들여서 지화를 만들어 꽂아놓고 벽에는 울긋불긋 탱화를 그려놓았던, 그 신당(神堂) 풍경을 생생하게 기억하는 그. 부친은 마을 면장님이셨다고 합니다. 그 엄하던 시절, 귀한 면장님 아들은 어쩌다 독특한 풍경을 가슴에 이리 수놓았던 걸까요? 무슨 사연인지 물었습니다.

"태어날 때부터 그런 기운을 가지고 태어나는 것 같아. 그런 생각이 나. 누구의 직접적인 영향을 받은 것은 아니고. 굿을 보고 풍장을 치고. 그 기억은 내 몸속에 존재해. 내 몸속에 흐르지. 머리에 존재하는 게 아니라."

시골 소년의 온몸에 들어와 평생을 함께한 기억은 아마 '내림' 그것이겠단 생각이 언뜻 스쳤습니다. 그 내림은 이십 년이 지난 후 첫 안무작 <무녀도>란 굿으로 피어났습니다.

"김동리 선생의 무녀도를 했는데, 신장대라든가, 그때의 분위기라든가. 그런 게 기억이 나서 그걸 만들어 쓰고 그랬어. 성장기 때 감수성이, 고향의 체취가 짙게 남아있어."

브라스밴드

과거지사에 빠지지 않는 것이 사춘기 시절 이야기입니다. 아름답게 빛났을 풋풋한 반짝임. 대부분 경중의 차이가 있을 뿐, 그 시절에 새로운 무언가를 접하지 않습니까? 그 중심엔 항상 베프(best friend)가 있기 마련입니다. 선생에게도 베프가 있었고 이 친구를 통해 새로움으로 들어갔습니다. 그곳은 트럼펫 부는 친구를 따라 놀러 갔던 브라스밴드(brass band) 입니다.

"여기서 가장 중요한 악기가 뭐예요?"

그때나 지금이나 핵심이 뭔지를 간파하는데 스스럼없는 그가, 선생님께 한 첫 질문에 큰북이라는 답이 왔답니다. 단번에 큰북을 가슴 앞에 두고 이후 3년을 보냈습니다. 이때 친숙해졌던 서양 악보와 선율은 삼십 년 후 스트라빈스키 <봄의 제전>을 우리춤으로 안무하는 초석이 되었습니다. 저 멀리 소년의 북소리는 삼십 년 후, 서양 악보 위에 안무를 구성하는 정확성으로 도착했습니다.

평판측량, 트랜스측량

"농고 토목과를 가라는 거야. 그래서 전주농고 토목과를 갔어요. 말 잘 듣는 아들이지? 오 형제 중에 맏이였어요. 그러니까 말 잘 들을 수밖에 없었고. 책임감도 있었고."

전주 토지계량조합장으로 자리를 옮긴 부친 권유로 음악을 접고 토목과에 들어간 그는 그곳에서 '땅'과 연관된 다양한 것을 배웠다고 합니다. 그때 습득한 측량은 공간에 대한 두려움을 없애주었습니다. 고교 때 습득한 공간측량 감각으로 그 어떤 무대를 만나도 빠르게 답을 낼 수 있다고 합니다.

"88올림픽 때 2,600명을 데리고 <광주 고싸움놀이>로 마지막 화합 장면을 하는데, 2,600명이 흩어지면 개판이라, 내가 정리할 수 있었던 거는, 사람들을 옮겨가는데 측량 배운 게 백 프로 도움이 되는 거야."

오호라. 얘기를 듣는 내가 통쾌한 건 왜일까요?

농촌예술반

　고교 시절 문 앞에서 얼쩡거리다 들어갔다는 '농촌 예술반'에서 농악을 배웠고, 우리춤 대가 정자선 선생의 아들인, 정형인 선생을 만나 춤 학습을 시작하게 되었다고 합니다. 고1 어느 날, 덕수궁 석조전 앞뜰, '전국민속예술경연대회'가 열렸습니다. 자신의 데뷔무대가 된 장고를 메고 선 그 자리를 잊지 못합니다. 이후 입대하고도 농촌 예술반의 인연은 이어져 전국민속예술경연대회에서 대통령상을 받게 되었다고 합니다. 농촌 예술반 활동은 1985년에 와서 <북의 대합주>로 그 꽃을 피웁니다.

　"조선팔도의 북이 들어가. 그래서 북의 대합주가 남이 흉내 낼 수 없는 게, 집약점이 있기 때문에, 그 파워가, 오천 년의 역사가 밀집되는 거지. 그 가락을 어찌 만들겠어. 누가 봐도 어디서 본 듯한, 다 그 안에 아는 가락이 들어있는 거지. 인문적 토대, 그런 고민이 만드는 거지."

　단순하게 타악기를 모아 연주하자는 아이디어로 승부 내고자 하는 것이 아닙니다. 없던 리듬을 만들어 새로움만을 기하는 것도 아닙니다. 한 번의 두드림으로 오천 년 역사의 기억을 드러내고자 한 욕심입니다. 무대 저 멀리에는 오래전 소년의 장고가락이 있었고, 가락이 품은 꿈이 있었습니다.

미봉책

창작할 때면, 도무지 만족할 만한 것이 떠오르지 않아 애를 먹을 때가 있습니다. 그럴 때면 쓰는 선생만의 해결안이 있지 않을까? 비법이 궁금했습니다. 그의 미봉책(彌縫策), 따라 해 봐야겠습니다.

"난 그런 건 없고. 뭐냐면, 이런 거야. 이 속이(머리를 가리키며) 냉장고, 금고라고 생각하는데, 1974년에 춤극 <오셀로>를 만들어야겠다고 생각했어. 그리고 22년 만에(1996년) 오셀로를 한 거지. 주제 선택을 그때그때 할 수도 있지만, 20년 전에 생각했던 주제가 세월이 흘러 나에게 뚝 떨어져. 그런 거지."

한 십 분 만에 해결할 묘책이 없는지 의도한 질문이었는데, 단호하게 20년의 세월로 응수합니다. 본전 생각만 간절합니다.

금강석

"1973년 2월 제대를 했어, 3월에 남산에 국립무용단이 생긴 거야. 그래서 입단해서 제1호 월급 받는 무용수가 된 거지."

국립무용단에 다니며 동시에 연극영화과에 편입해 학업을 이어나갔습니다. 이어 서울예대에서 교편을 잡고 송범, 한영숙, 이매방, 박금슬 선생

등에게서 춤 학습을 이어나가는 등 다각적으로 활동을 본격화했습니다.

"당시에 국립극장 귀신이 셋 있다고 했어. 나, 양성옥, 안숙선. 새벽 6시면 춤추고 소리한다고 해서 국립극장 귀신이라고, 그게 지금을 있게 하는 게 아닌가."

무용가는 기본적으로 무용수, 안무자, 교육자 등 다양하게 역할을 해야 합니다. 그러니 각기 자신의 예술적 역량을 집중하는 곳이 있게 마련입니다. 선생에게 이에 대해 질문했습니다.

"예술은 자기 좋아서 시작은 했지만, 결국은 남을 즐겁게 하고 영혼의 양식으로 남게 해야 하는데, 그러려면 무용가든, 작가든, 안무가든, 교육자든 인문학적 토대가 가장 중요하다고 생각해, 왜 추는가, 왜 만들어야 되는가, 어떻게 존재감을 가질 것이냐, 내가 영혼성을 지닌 것인가, 하나의 양식, 형식이 될 것인가, 그런 차원에서 10년 이상 생각을 하고, 거기에 대해 스케치를 하고, 모으고 모아서 마지막 판에 몇 방울의 핏빛을 빼서 존재감을 갖게 하는."

'마지막 몇 방울의 핏빛'. 참으로 좋습니다, 이런 표현!
선생이 인문학적 토대를 바탕으로 펼치고 싶은 세계, 맺고 싶은 열매, 표현하고 싶은 정서는 무얼까요?

"나는 절대적인 것을 찾는 사람이야. 어떤 행위를 했을 때 절대적으로 나인 것, 나 화해서 나 아니면 아닌 것. 그걸 찾는 거지. 그 생각을 중심으로 모든 걸 집중하지. 절대적 존재감"

금강석, 다이아몬드가 생각났습니다. 단일하지만 그 무엇보다 단단하고 투명한 돌. 그 무엇도 들이지 않고 순수하지만, 그 무엇보다도 더 밝게 빛나는 아이러니한 존재. 우리 모두 되고 싶은 그것 말입니다.

나그네 예술

나그네 예술. 삶이란 길 떠나는 나그네, 예술이란 떠도는 것. 이런 노랫가락 같은 인생론 얘기가 아닙니다. 우리 문화지형에 대한 일갈(一喝)입니다.

"노, 가부키, 경극 등 각기 공연 형식에 맞는 무대가 있어, 몇백 년 내려오는. 그런데 우리는 창극, 연극, 춤, 모두 프로시니엄 무대에서 해. 그러니 우리 걸 은연중에 외국 것에 비교해. 해금이랑 바이올린이랑. 절대, 네버. 말이 돼? 비하하는 의미에서 보는 거지. 극장 양식, 공간이 달라야 격이 생기는 거야. 그래서 십 년 전부터 한국 창극장, 춤극장, 악극장을 만들자고 주장을 하는 거야."

옳거니! 결혼식이나 장례식이나 모든 의식은 때와 장소와 색이 있습니다. 마찬가지로 예술은 그 예술에 걸맞은 곳을 만들고 색을 입혀주어야 합니다.

"서양극장에 발레, 현대무용하고 한국 전통춤을 올려놓고 비교해. 절대 안 된다는 거지. 우리 무대를 만들어 놓으면? 발레, 절대 안 어울리지. 춤의 집이 있어야 해, 그러지 않고 적당한 때 안 물려지면 없어지는 거지. 아직 우리나라 예술은 나그네 예술이야."

세월도 자기가 잡는 거야

"기회는, 세월은 오는 게 아니야, 자기가 잡는 거지."

후배들에게 건넬 조언에 관한 질문에 긍정적이고 진취적인 삶을 제안합니다. 다만 사회가 전통예술을 홀대하고 의무적으로 대함을 걱정합니다. 그러하기에 이런 현실 안에서 춤계를 생각하고, 어떻게 살아가야 할 것인지, 생각하는 전문가가 되길 주문합니다. 그리고 삶을 관통하는 핵심 주제 하나를 빠뜨리지 않고 제시합니다.

"지금 삶보다, 그 후의 삶을 어떻게 살 것인가, 그걸 준비해야 한다고 생각해. 준비, 미래를 앞에 두고 항상 준비해야 해."

이제는 모든 것에 대한 기대감은 떨쳐버렸고 다만, 삶과 춤에 대한 의지만은 가득 차 있다고 말합니다. 이렇듯 알 듯 모를 듯한 포부를 넌지시 밝히는 눈빛이 반짝였습니다. 그 빛 또한 아마도 저 멀리에서 온 것일 테지요.

천 길을 향한 미롱 QR-31

with 문정근

(1953년, 전라북도 전주 출생)

단어의 쓰임에는 '추세'가 있습니다. 그리고 대화에 사용하는 단어에는 유행이 있지요. 다루어지는 개념도 시기적절하게 선택됩니다. 거칠게 추론해보자면, 근래 사용되는 단어들은 좀 더 명민한 쪽으로 선택이 되는 듯합니다. 예를 들어, 요즘은 '착함'보다는 '옳음'에 대해, '마음'보다는 '심리'에 대해, '인연'보다는 '관계'에 대해 논하는 것이 더 익숙하지 않은가 말입니다.

착함, 마음, 인연

여느 때와 같은 연습복 차림으로 앉은 선생이 사용하는 단어가 특이하다고 생각되었습니다. 야리야리한 소녀의 실루엣이나 수줍은 웃음 등이 생각나는 단어들입니다. 요즘엔 잘 선택되지 않는 단어들이지요. 선생과의 대화는 말갛게 치워놓은 꽃밭 같아서, '요즘'이라는 시간대와는 간극이 느껴졌습니다. 이렇듯 독특한 자신만의 세계를 만들어내는 원동력이 궁금했습니다. 그 이유는 대화를 시작하고 곧 드러났는데 그걸 정리해보니 바로, 고집스러운 의지였습니다.

이제 선각자들은 책을 떠나 손바닥에 담긴 영상에서도 쉽게 옳은 소리를 쏟아냅니다. 영상 속에는 바닥을 탁! 치게 하는 저마다의 명언이 많건만, 아쉽게도 정작 마음속 깊은 곳을 울리는 지혜는 그다지 자주 접하지 못합니다. 남쪽, 전주에서 고집스레 자신만의 단어들로 의지를 추는 선생을 만났습니다. 그에게서 독특한 단어의 짜임이 만들어내는 윤이 나는 지혜를 엿볼 수 있었습니다. 방문을 한 날도 선생은 연습실에서 자신의 자리를 쉼 없는 디딤으로 맴돌고 있었습니다. 그 디딤으로 말미암아 언제나 부지런했을 매일의 디딤을 확신할 수 있었습니다. 디딤 사이 번지는 미롱에서 천 길에 비치는 지혜를 봅니다. 꽃밭 사이 드러난 옥토가 붉습니다.

인연

신병(神病)이었을까요? 배앓이가 시작되더니 시름시름 앓았더랍니다. 백방으로 묘약을 찾아본 결과, 신경성으로 판명이 났을 뿐 병을 떨치지는 못했었습니다. 이후, 머리가 비상해서 가족들 기대를 한 몸에 받던 소년은 공부에서 조금씩 손을 놓았습니다. 아, 그러더니 어느 날 춤을 추고 싶다고 선언을 했답니다.

"집에선 난리지, 무슨 남자가 춤을 추냐고. 게다가 우리 부모님은 농사 짓는 분들이신데. 근데 어떻게 해. 하도 아파하니까, 아파서 죽느니 저 하고 싶은 거 하게 놓아두라고. 그래서 춤추게 된 거야. 자꾸자꾸 아퍼 싸니까."

처음 춤이 그에게 들어간 건 어떤 이유에서였을까요? 집요하게 물었습니다. 그는 그저 모르겠다고 합니다.

"모르겠어, 어떤 인연인지. 모르겠어. 그냥 춤추는 데를 찾아다녔어. 아마 삶의 신명줄, 생명줄이라고 느껴졌어. 나도 모르게 해야 한다는 것, 하고 싶은 것, 해야 할 일인 거, 그렇게 생각했었어, 참 이상해. 해야 한다는 생각, 그것밖에 없었어."

내 인식 밖의 원인과 결과들 그리고 이어 인식되는 사건들. 이런 이상한 만남을 인연이라고 하는 걸까요?

춤추는 문 선생

스승인 최선 선생을 모시며 무용학원을 열심히 다녔으나, 경제적인 문제는 쉽사리 해결되지 않아, 대학은 전주교대로 진학했습니다. 졸업 이후 7년 동안 초등학교 교원 생활이 이어졌습니다.

"초등학교 발령받고 거의 몇 년을 추석, 설날 빼고는 무용반을 만들어서 연습을 했어. 당시 전라북도 도 대회가 있었거든. 거의 상을 휩쓸었지. 그때 제자들을 아직도 만나. 76, 77년도였는데, 그때 초등학교 애들을 데리고 무용발표회를 했어."

이 시기에 야간, 새벽 열차를 타고 두세 시간만 자며 서울로 공부를 하러 다녔습니다. 이땐 춤에 전념할 앞날만을 향해 힘든지도 모르고 살았답니다. 그때 그 시절, 춤추는 문 선생 때. 책걸상을 뒤로 미룬, 불을 환히 밝힌 너른 교실이 떠오릅니다. 스승께 춤을 배우고 그곳에서 학생들과 함께 춤을 추었을 장면이, 한 장 그림인 듯 아련하니 곱게 그려집니다.

선생님 복

선생은 '국립국악원 무용단'과 '서울시립무용단' 단원, '국립무용단' 지도위원, '전북도립국악원 무용단장' 등 국공립 단체에서 주로 활동하며 오늘에 이르렀습니다. 특이하다 할 이력을 설명해 달라는 요구에, 자신은 선생 복이 많다는 사뭇 엉뚱한 얘기를 합니다.

"나는 선생님 복이 많아. 내가 경제적으로 잘해 드릴 능력이 없는데, 좋은 선생님들은 많이 만났어요. 그게 큰 복이지. 처음 시작할 때 최선 선생님께 도움을 많이 받았고, 이어 김광숙 선생님을 만났지. 대학교 다닐 때 박금슬, 조흥동, 배명균, 이매방 선생님에게서 많은 작품을 배웠어. 대학원 때 송범, 김백봉 선생님을 만났고, 이어 배정혜 선생님을 그리고 국립국악원 무용단에서 김천흥, 이흥구, 문일지 선생님들을 만났지."

삼인행필유아사(三人行必有我師)라고 하지 않던가요? 셋이 걷더라도 그 안에 스승이 있다는 이 말은 아마, 배우는 사람 마음자리를 말하는 것이지 싶습니다. 주변에 아무리 좋은 스승이 많다고 하더라도, 내가 그를 못 알아보면 그뿐이지 않을까요. 활동 이력을 이렇듯 스승을 만난 족적으로 해석하는 색다른 안목에서, 고개가 절로 주억거려집니다.

유리된 일상

예술가는 생활과 예술 사이 그 비중에 편차가 있게 마련입니다. 이런 편차는 불행한 예술가의 굴곡진 삶으로 기록되어 오래도록 회자 됩니다. 남 일이기에 언뜻 당연하게도 들리는데 생각해보면 엄청 불우한 내용을 담고 있습니다. 대놓고 사회성이 없다는 얘기 아닌가요. 외골수라는 얘기지요. 얼마나 살기가 불편하겠습니까? 선생에게, 생활에 있어서 예술의 비중을 물었습니다. 질문의 근저에는, 작품을 만드는 시간 가운데 겪었던, 일상과의 유리(遊離)가 주었을 편치 않음에 대한 문의가 깔려있었습니다.

"비중은 대부분 무용이지, 길을 가더라도, 누군가와 이야기를 해도, 삶의 포인트는 무용에 맞추어져 있는 거지. 항상 생각하고 있다가, 어쩌다 섬광처럼 떠오르는 그 장면, 그걸 발견하려면 집중이 깔려있어야지. 새로운 것이 떠오를 때 굉장히 행복하지. 춤추는 사람은 춤이 삶의 연속이지 따로인 무엇이지 않으니까."

그는 달라야 한다고 말합니다. 각자 담아내는 그릇이 다르기 때문에 다양성이 중요하다고 합니다. 그중 숙련되어 높은 차원으로 끌어올리면 더욱 좋은 것이고, 결과가 좋지 않더라도 춤꾼은 그저 달라야 한다고 합니다. 이를 위해 해야 하는 것으로 감내(堪耐)를 강권합니다.

"춤은 깨달아야 해. 그저 몸만 움직이는 것이 아니라, 깨달아야 해. 깨달으려면 이겨내야 해, 뭐든. 깨달아야 하기에 역경을 받아내야 해. 다만 사회통념에서 벗어나면 안 되니까 서로 조심을 해야지. 춤 안에서 이해가 쌓이지 않을까 싶어."

아, 동화 같은 이야기. 불편함을 감내로 받아내고 다만 춤 안에서 이해가 쌓이길 바라는 저 마음. 순간 그 마음에 상처가 생기지 않았으면 하는 오지랖이 넓혀지며, 더불어 춤 안의 이해가 실재되길 기원했습니다.

경험이 중요해

일상과 거리를 두는 집중의 중요성을 언급하면서도 또 한편으로, 창작에서 경험이 제일 중요하다고 말합니다. 이불 밖은 위험하지만, 그 위험에도 불구하고 용기 있게 이불을 젖혀내는 의지인 삶과, 춤이 다르지 않기 때문일 것입니다.

"친구들과 막걸리를 먹을 때, 오간 말 가운데 뇌리에 박힌 단어들을 연습장에 써놓았다가 그걸 다 모아. 책을 보며 단어들을 모아. 그리고 거기에 내 삶, 환경, 주위 문화를 대입해서 주제에 따라 작품을 만들어나가, 하여튼 많은 경험이 중요한 것 같아. 경험을 내 몸에 녹이고 나에게 쌓아 예술작품으로 표출하는 것이기 때문에."

대표작으로 꼽히는 작품들을 보아도 대부분 자신의 경험을 녹여낸 것입니다. 어머니를 향한 그리움의 모노드라마 <맘, 그리운 날에>, 아버지를 기린 무용극 <아버님전상서>, 살면서 머리 한편에 두었던 동학혁명을 주제로 한 <파랑새>, 그가 살아온 땅인 모악산과 새만금을 아우르는 <모악>, 전주팔경을 주제로 한 <길, 춤사위로 길을 묻다> 등 많은 작품에 그의 경험이 고스란히 담겨 있습니다.

전통의 두 갈래길

선생은 승무(전라삼현승무, 전라북도 무형문화재 제52호) 예능 보유자입니다. 보유(保有)는 말 그대로 가지고 있거나 간직한 것을 말합니다. 전에 보여준 다양한 창작 이력을 살피자면, 승무 예능 보유는 살짝 고개를 갸웃하게 합니다. 그에게 보유자 역할에 대한 답을 듣는 것은 앞을 향한 우리에게 많은 시사점을 주리라 생각됩니다.

"그러니까 두 갈래 길이 있는 것이지. 계속 기존 것을 지켜나가는 길이 있겠고, 그런데 난 그 길에는 별로 의미가 없다고 봐. 이 춤을 가지고 시대적으로 흘러가면서 전통에서 새로운 갈래가 나오는 것, 볼거리가 생겨나는 것. 그게 중요하다고 생각해. 작품이 가진 근본적인 성격이나 동작을 훼손하지 않는 한, 시대적인 삶도 반영될 수 있는 것이 우리 전통이라고 봐요. 그래서 전통이 박제되어 있어야 한다고 생각하지 않거든. 근본적인 정신, 은근과 끈기, 곡선 미, 음양 원칙 등 이런 것은 변하지 않더라도, 사람에 따라 그 느낌이 다르니까."

기존 것을 바탕으로 또 새로운 전통이 나오도록 소스를 제공해 주는 것이 진정 전통의 해야 할 일이라고 말합니다. 보유자 1세대는 자신 작품에 역사성을 부여받는 것에 생명력을 가지고 있습니다. 선생은 다음 세대로서, 이전과 달리 그 역사성에 시대적인 새로움을 묶어서, 살아있는 전통으로서의 보존 가치들을 갖게 하려 한답니다. 이전 세대와 크게 대별 되는 생각으로 들립니다. 전통춤 보유자로서의 새로운 비전을 보여주는 관점이라 하겠습니다.

"나는 많은 스승에게서 승무를 배웠어요. 다 다르지만 다 같아. 공통적으로, 누르고 풀고 꼬고 물리고, 이걸 우리춤 근본이라고 말씀하셨거든. 이 기본을 각자 몸으로 받는 거지. 살아온 과정, 형태가 다른 몸들이 표현해내는 다름을 인정하고, 그 안에 담긴 정신이 어떤가를 중요시해야 한다고 생각해."

이 말을 통해 고심해 보니, 아마도 전(前) 세대와 다른 걸 말하는 것은 아닌 듯합니다. 오히려 본래 스승들의 생각, 거기 담긴 초심(初心)을 풀어내는 게 아닐까 싶습니다. 그의 말에서 전통춤의 진정한 '할 일'이 명확하게 드러납니다. 매일 새롭게 태어나 이어지는, 살아 전하는 춤 말입니다.

몸 운동, 마음 운동

춤이란 몸을 많이 움직여 유연성을 만들어내고, 음악에 맞추어서 리듬감을 끌어내, 스승에게 받은 몸동작이 잘 드러나게 하는 것이 중요합니다. 그런데 대화 도중 상큼하리만큼 신선한 개념을 접했습니다. 마음을 먼저 움직여야 한다는 것입니다.

"근본적으로 마음이 움직이지 않으면 예술은 없는 거지요. 내가 느끼는 마음이 없으면 몸이 어떻게 움직여요. 마음이 먼저 움직여야 돼."

향기로운 오일 같은 말입니다. 춤을 잘 추고자 경주하다 보면, 기술적인 무엇으로만 치부하게 되어, 일면 퍽퍽하게 느끼게 됩니다. 이럴 때면 마음이라는 묘약을 써 춤을 부드럽게 하라는 토닥임입니다. 작은 것이라도 그걸 어떤 마음으로 대할까를 생각하게 하는 것, 이것이 예술의 위대함 아닐까요? 그의 말을 통해 잊고 있었던 가치들을 꺼내어 들여다보게 됩니다.

잠시 기도해 봅니다. 예술을 통해 부드러워지는 일상을 꿈꿔 봅니다. 마음의 예술이 선사하는 선한 영향력을 세상사 이모저모에서 보는 날을 소망해 봅니다.

드러난 미소로 읽히는 서린 춤결 QR-32

with 김충한

(1966년, 경상북도 문경 출생)

"근래 한 십 년 정도를 거의 지방에서 활동했어요. '정동극장' 예술감독으로 있으면서 경주에서 한 오 년, '전북문화관광재단' 예술감독으로 전주에서 오 년, 해서 한 십 년 정도. 지방에서 활동을 해서 그런지 극장에 서 있으면 얼굴을 못 알아보시더라구요. 만든 작품은 많이 알려진 것 같은데. 서울 와서 활동을 잘 안 했으니까요." 말꼬리에서 조금의 서운함이 묻어납니다. 그런데 작품으로 알려져 있되 만든 사람 얼굴은 알려지지 않은 거, 이거 근사한 일 아닌가요? 그게 선생의 매력인 것 같다고 살짝 언급했더니, 다음과 같은 말이 이어졌습니다. "저는 또 뭐 얼굴이 시커멓고 잘생긴 편이 아니라서 인터뷰하고 사진 찍기를 제일 싫어합니다."

딱 들어도 서운한 게 분명하네! 그런데 얘기를 이어가다 보니 대화 사이 끝내주는 미소가 반짝입니다. 정작 서운할 사람은, 작품을 만든 저 미소를 모르는 이들이겠구먼. 궁금했습니다. '저 미소가 그를 춤추게 하는 것일까, 춤이 저 미소를 만드는 것일까?'

나의 원류, 정재만

"앞으로 창작을 해라, 결정지어주신 분이 정재만 선생님이세요. 내 춤을 배워서 이 춤을 가지고 창작을 하라는 명이 더 셌었어요, 저에게는."

그가 시대의 명무 고(故) 정재만 선생의 제자라는 건 익히 잘 알려져 있습니다. 하지만 그의 작품을 통해서는, 전통춤을 추었던 스승과 창작춤을 만드는 제자 사이의 연관은 쉬 보이지 않습니다. 재차 영향을 받은 인물을 문의하니, 이때에도 또 스승 존함이 나옵니다. 무엇일까요, 안무가의 원류가 된 스승님의 진면목은?

"정재만이라는 사람을 전통 무용가로 많이 알고 있지만, 한국 무용계에서 제일 먼저 신발을 벗고 맨발로 춤을 춘 사람이에요. 안 하신 것뿐이지 창작적인 요소도 많았고, 창작에 대한 열의가 셌었고. 저는 전통 무용가 제자지만 창작적 관심과 열의가 있으니, 선생님이 너는 창작 쪽으로 공부를 더 해라, 그래서 창작에 대한 소스를 공부하려 다양한 학습을 했죠."

스승은 자신의 전통춤을 자손에게 물려주길 바라셨고, 씨알에 가능성이 보이는 제자에게 창작의 길을 제시하셨다고 합니다. 그래서인지 그는 문화재였던 스승 곁을 마지막까지 지켰음에도 불구하고 이를 잇는 이수자가 아닙니다. 금상첨화, 이왕이면 다홍치마라는 말이 있지 않습니까? 사람 일은 모르는 거고. 스승을 존경하는 제자로서 이수자의 길에도 욕심이 날 법한데, 흘렸을 땀과 시간과 노력을 생각하니 괜스레 아까운 마음마저 들었습니다. 넌지시 그렇지 않느냐고 질문을 하자, 그는 단 한 마디로 잘라 말합니다.

"나는 길이 다르니까."

대학 때부터 안무법, 창작 수업 등에 유독 관심을 보였고, 새로운 것을 만드는 일에 열심인 그에게 교수님들 칭찬 또한 많았다고 합니다. 칭찬이 잦으니 더 좋아지게 되고, 좋아하니 더 그쪽을 향하게 되었다는 그. 미소와 더불어 나오는 짧고 굵은 한 마디에서 많은 것을 읽게 되었습니다.

"내 성미에 맞나봐, 새로운 것을 만드는 것이."

한국, 무용

당신의 것은 무엇인가에 답할 단어를 물었습니다. 그는 예전 광고문 중 '우리 것은 좋은 것이여'라는 표현에 담긴, 우리 것이 세계 최고 것이라는 의미에 그 답이 있다고 말합니다.

"현대 무용적인 것을 해야 현대적인 것이 아니라는 것이 철칙이고. 창작을 하더라도 한국적 뿌리에서 연결된 맥락 하에 창작을 하겠다는 게 내 생각이에요. 다 한국적인 소스에서 나오는 거지."

한 단어를 물었으나 단어가 담긴 꾸러미를 들이밉니다. 그런데 한국적인 것, 이건 현대를 사는 많은 문명이 겪는 숙제와 다름 아니지 않던가요. 헤게모니, 서구중심, 아이덴티티....... 전통을 중심으로 밖을 추구하되 어느 정도 바운더리가 있어야 한다는 주장들. 문제는 그 바운더리를 어떻게 구획화 할 것인가에 있고, 그 접점을 찾기 어려워 모두가 헤매는 것 아닌가 말입니다. 답을 요구했습니다. 그는 솔직합니다.

"명확히 말로 해낼 수 없지만, 내 식으로 풀어보고 싶어요. 점점 더 창작스러워졌거든요. 예전보다, 요즘 내 무대가."

그는 자신의 무대를 '창작무용'이라고 규정하는데, 이를 과거와 결별한 무엇이라 말하지 않습니다. 전통에 바탕을 두고 있되 이전 시대의 결정체인 신무용에서 한 발 앞으로 나온 것, 그것으로 규정합니다. 그리고 이러한 발걸음은 진행형이라 강조합니다.

"한국적인 요소는 무궁무진하다고 보는데, 나는 불만스러운 것이 한국무용하는 사람들이 왜 한국적 요소를 찾지 않는가에요. 반감을 갖고 있어요, 특히 젊은 사람들에게. 시각이 서구에 너무 가 있는 듯한."

련(蓮)으로 피워낸 뚝심

독특합니다. <련Ⅱ>도 아니고, <련>입니다. 이게 무슨 얘기냐면,

"이 작품은 지금 두 번째 한 거예요. 정동극장에서 실험적으로 한 번 해보았고. 이번에는 오케스트라 라이브 연주, 의상, 무대와 세트 등을 업그레이드해 확대한 겁니다."

대표작을 문의하자 <련, 다시 피는 꽃>을 언급했고, 이전 다른 단체에서 했던 작품으로, 현재(2020년) 예술감독으로 있는 '경기도립무용단'에서 동일한 제목으로 올렸다는 것입니다. 그러나 전반적 내용은 같지만, 스케일 변화와 더불어 조밀도가 다르다고 말합니다.

그는 공공기관에서 하는 작품은 달라야 한다고 얘기합니다. 많은 세금을 들여서 하는 공연이니 일회성을 가지는 것을 지양해야 하는데, 그러려면 탄탄해야 한다고 역설합니다. 작품은 하면 할수록 대본도, 구성력도, 전체 구조도 탄탄해지기에 같은 형식이 계속 거듭나야 한다는 지론입니다.

이로써 '김충한 식' 작품을 하려 한다는 그. 예술가로서 자신 작품에 관한 커다란 청사진을 먼저 마련하고, 자신이 어디에 속하든 완성을 위해 하나씩 쌓아가는 작업을 진행합니다. 완성이라는 결과가 꽃을 피우지 못할지 모른다는 두려움에도 불구하고, 주위의 일반적인 편견에도 불구하고, 이런 역경을 밀어내며 갑니다. 그가 가는 길의 질감을 떠올리니 '꿋꿋함'이라는 표현이 찰떡같이 들어맞습니다.

"<백조의 호수> 탄생 이후 동작 하나 바꾸지 않고 하고 있잖아요. 그런 게 부럽더라 이거지. 실패하면 또 해보고. 완성작을 향해가는 거지. 우리는 한번 하고 휙 버리고. 또 하고 휙 버리고, 그냥 쓰고 버리겠다는 거잖아요. 그래서 저는 어디를 가든 또 할 겁니다. 자꾸 만져서. 이번에는 무엇이 부족해. 또 아쉬웠어. 그럼 또 보강, 수정하고."

지난 승무를 만들었을 예인들 모습이 생각납니다. 반복을 거듭하며, 수정하고 또 수정했을 예인들 그리고 뒤를 잇는 제자들. 그는 어쩌면 그에게 창작의 세계를 열어준 스승의 마음을 읽어내고 있는 것이 아닐까요? 만들어내는 작품들에 정재만의 승무, 그의 정신을 입히고 있는 건지 모르겠습니다. 전통과 연결되는 접점에서 반짝이는 배움의 가치가 새롭습니다.

원천

<련>과 관련한 이런 얘기들이 문화행정가와 소통이 되나요? "그건 감독의 의지지요. 감독이 해결해야 할 문제이고." 뚝심이라고 해야 하나요. "뚝심이라기보다 예술가의 주관이라고 봐야지요. 전 오로지 한 가지만 가지고 여기까지 온 사람입니다. 한 번도 흔들린 적이 없습니다."

그는 아니라고 하지만, 아무리 봐도 그를 말할 단어는 뚝심이 맞는 것 같습니다. 자기 주관과 철학이야 누구에게나 있지 않나요? 하지만 이를 흔들림 없이 꿋꿋하게 밀고 나가는 힘은 누구에게나 있는 것이 아닙니다, 뚝심, 그 힘의 원천은 뭘까, 궁금해졌습니다.

"어릴 적부터 함께 활동한 사람들. 한때 나에게서 학습했으나 지금은 다시 내게로 와 함께 일하는 사람들인 것 같아요. 그리고 예술을 '하고 있다'는 것이 중요하다고 봐요. 고맙게도 일이 계속 들어왔어요. 그래서 만들면서 내 역량이 생겼지요. 공부도 많이 하고, 실패도, 엎어지기도, 성공도 해보면서."

불경에서 읽은 기억이 납니다. 계속 무언가를 바라지 않고 주고 또 주다 보면, 결국 그 모든 것은 다시 돌아와 내 것이 된다는 말씀.

예술 소통

그가 공연에서 가장 중요하게 생각하는 요건은 의외로 '쉽게'입니다.

"관객이 무대행위를 이해하지 못하는 공연은 실패라고 봅니다. 그건 예술가들 자위죠. 관객들이 '이게 뭐지'라고 생각하면 아무리 좋은 철학이 있는 위대한 예술이라도 실패라 생각해요. 항상 공감, 공유, 소통할 수 있어야 하죠. 일반인의 이해에 맞추어서. 예술성을 아주 높게, 예술성을 떨어뜨리며 이해시키고자 하는 게 아니라, 알아듣게 만들어내는 것, 그게 내 작업의 키워드죠."

이런 그의 말은 춤이 가져야 할 사회적 역할에 관한 질문과도 연결됩니다.

"제 작업을 예로 들면, 춤 예술세계 말고 뭘 했느냐면, <춤 체조>라는 것을 만들었어요. 우리나라가 전 세계 일위가 됩니다, 노인국가로. 그러면 일반관객도 중장년층이 되지요. 이분들을 무용에 관한 이해, 공부를 시켜야 해요. 그래서 그 사람들에게 보급을 하는 거지요. 기회가 좋았지요, 저에게는. 저는 무용계에도 십분 기여했다고 생각합니다. 이분들이 관객이 되는 거지요. 후배들에게."

시나브로 걸어가면서 여기저기와 소통하는 행보. 일반인의 부담을 줄여 춤으로 오는 걸음을 지속으로 이어지게 하는 노력은 참으로 영특한 일이 아니겠나, 생각했습니다. 사람들이 모이는 사이에 새로움이 생겨나고, 동시에 이전 새로움은 없어지지 않고 전통으로 자리매김해, 앞으로 도드라질 새로움을 받치는 힘이 될 것입니다. 개울이 모여 강이 되고, 강이 이어져 바다가 되듯이 말입니다.

지금, 앞으로

"무용이 누가 시킨다고 됩니까. 내가 좋아서 해야지. 그래서 직업무용단체에 있는 사람들이 어쩔 수 없이 하고 있다면, 다른 선택을 해야 한다고 메시지를 전하고 싶어요. 그러니까 예술이 안되지요. 노동과 예술은 다르다, 나는 노동하고 있지 않습니다. 항상 좋아. 작업하는 것이 좋고, 춤추는 게 좋고. 일단 무용은 내가 좋아야 해."

좋아했던 일만 하려 매달리지 말고 지금 맡은 일에 좋아하는 마음을 내야, 내가 행복하고 일도 잘된다는 얘기로 들립니다. 좋아한다는 것은 현재형입니다. 그리고 그 시작이 언제이든 처음의 마음이 유지되고 있다면, 그건 진행형일 것입니다. 우리 자문해 볼까요.

지금 나의 삶은, 현재진행형인가?

 QR-27 <한량무>

 QR-28 <살풀이>

 QR-29 <풍류장고춤>

 QR-30 <바라승무>

 QR-31 <전라삼현 승무>

 QR-32 <가사호접>

<동생아> 최백호 작사, 곡. 2019

꽃이 지는 날에는 한 살이라도 젊은 네가 울어라

나는 낯선 동네 뒷골목 포장마차에 앉아

소주나 한잔하며 놀란다 ...

# 다시 물음표로 나아가며

 노래를 처음 들었을 땐 나에게 하는 소리 같더니, 요즘엔 내가 나어린 동생에게 하는 소리로 들립니다. 주변 친구들을 보면 밝은 미래가 느껴집니다. 탄탄한 젊음에 명석한 판단력을 탑재한 그들은, 나보다 무엇이든 훨씬 잘 해냅니다. 그러니 뭐 이런 노랫말이나 춤 이야기가 무슨 소용이 있을까도 싶습니다.

 갓난아이들은 양(陽)의 결정체라서 계속해서 에너지를 발산합니다. 작고 여린 몸 전체가 폭발적인 에너지 덩어리인 겁니다. 그래서 한시도 쉬지 않고 움직입니다. 이게 아이가 이쁜 이유이기도 합니다. 쉬지 않고 꼬물꼬물, 꺅꺅. 애가 포대기 안에서 자신의 내면을 바라보고 있다면? 어휴, 생각만 해도 걱정스럽습니다. 문화도 그렇습니다. 새로움을 추구하는 젊은 문화는 '양'입니다. 폭발적 에너지 자체입니다. 쉬지 않고 교류하며 만들고, 부수고 또 만들고. 그러니 숙고를 요하는 내밀한 탐구는 그들의 몫이 아닐지 모릅니다.

 하지만 성장을 위해서는 멈춤이 필요합니다. 나이를 막론하고 새로운 세계에 입문하면, 언젠가 멈춤을 맞이하게 마련입니다. 이때, 이 시기를 어떻게 보내느냐가 중요합니다. 그저 서 있는 것이어서는 의미가 없습니다. 그런데 멈춤을 맞으면 마음은 급한데 변화는 보이지 않아 초조하기만 합니다. 옆으로 눈을 돌리면 주변 동료들 또한 나와 별반 다르지 않아 보이지요. 그러니 불안감만을 끼고 우두커니 서서 시간을 보내기 마련입니다.

대나무는 심은 후 5년이 지나야 자라기 시작합니다. 이전 시간엔 뿌리 내리기에만 온 힘을 싣습니다. 그래서 겉으로 보기에 변화가 없지요. 그저 멈춘 것으로만 보입니다. 하지만 일단 성장이 시작되면, 거침이 없습니다. 이걸 퀀텀 리프(quantum leaf)라고 부릅니다. 멈춤이 온 순간, 나는 대나무가 됩니다. 오늘도 '꽃이 핀다고 울고, 꽃이 진다고 울고' 흥얼거리며, 비 온 뒤를 꿈꿉니다.

당신의 멈춤에 내 이야기가 요긴하게 쓰이면 좋겠습니다.

글을 정리하며, 예전 채워지지 않던 목마름이 생각났습니다. 좋은 선배와 스승들이 많은 지침을 주셨건만 그리도 갈증이 났었습니다. 이젠 그게 채우려야 채울 수 없는 젊음의 열정 때문이었음을 압니다. 다만 지금 생각하니 그때 좀 더 다양한 얘기가 주변에 있었다면 어땠을까 싶습니다. 다다익선이라지 않던가요. 그래서 별 볼 일 없는 얘기지만, 혹 없는 것보다 나을 거란 생각으로 주섬주섬 쓰고 엮었습니다.

지나온 시간과 앞으로 나아갈 시간을, 때로는 관조로 때로는 탐색으로 바라보았습니다. 그리고 그 생각을 정류장에 앉아 유행가 부르듯이 가볍게 무겁지 않은 마음으로 적었습니다. 글을 적는 동안 맑고 명료해지는 시간이었습니다. 즐겁기도 했고 배우는 것 또한 많아 고마운 시간이었습니다. 그러니 또 누군가 흥얼거리는 허밍을 듣듯, 그렇게 가볍게 읽어주었으면 하는 마음입니다.

이제 툭툭 털고 일어나려 합니다. 말을 마치니, 다시 걸어야 한다는 사실 하나가 분명해집니다. 아, 하나 더 있습니다. 걷지 않으면 결코 다음은 없다는 사실 말입니다. 걷다 보면 다음 물음표를 또 만나겠지요. 물음표 아래서 느낌표로 만족하며 사는 거 아니겠는가 싶습니다.

 책이 만들어져 나오는 것은 예상을 뛰어넘는 어려운 일이었습니다. 하지만 과정을 넘어 출판에 이르렀고, 결과물이 만들어지기까지 짐작보다 많은 분의 도움이 있었습니다. 13번째 요정의 서운함이 재현될까 두려워 존함의 개별적 언급은 생략합니다만,* 한분 한분께 깊숙이 고개 숙여 감사의 인사를 드립니다.

---

* 어릴 적 본 동화, 샤를 페로의 『잠자는 숲속의 미녀(Sleeping Beauty)』에서는 작은 실수로 13번째 요정이 초청받지 못했고, 그로 인해 성안의 사람들은 백 년 동안 잠이 들어야 했습니다.

우리춤 클리셰

1판 1쇄 발행 2021년 7월 15일

지은이 박성호

펴낸곳 도서출판 우리에뜰
펴낸이 조대웅
등 록 제2015-000009호
주 소 (14557) 경기도 부천시 부천로198번길 18, 202동 1509호
전 화 010-6300-0214
이메일 0214jo@gmail.com

ⓒ 박성호, 2021
ISBN 979-11-91408-01-0 (03180)

무단전재 및 무단복제를 금합니다.
잘못된 책은 구입하신 곳에서 바꾸어 드립니다.
책값은 뒤표지에 있습니다.

도서출판
우리에뜰

《지난밤 꿈에 말이야》 이수경, 2021
융 심리학으로 풀어보는 지난밤 꿈의 이야기

《예술, 삶에 스며들다 (eBook)》 안지언, 2021
100세 시대의 예술경험과 문화예술교육

《그림으로 듣는 한국음악》 조석연, 2020
QR코드로 음악을 감상할 수 있는 한국전통음악 해설서

《해금 첫걸음》 정소례, 2020
QR코드를 활용한 설명 영상과 반주 음원이 있는 해금 입문서